MANUEL

DES PENSIONS

ET COMITÉ DE LÉGISLATION.

PARIS.

IMPRIMERIE DE FAIN ET THUNOT,

RUE RACINE, 28, PRÈS DE L'ODÉON.

1841.

MANUEL

DES PENSIONS

DU MINISTÈRE

DE LA JUSTICE ET DES CULTES,

ET DU MINISTÈRE

DES AFFAIRES ÉTRANGÈRES.

MANUEL

DES PENSIONS

DU MINISTÈRE

DE LA JUSTICE ET DES CULTES,

ET DU MINISTÈRE

DES AFFAIRES ÉTRANGÈRES.

PARIS.

IMPRIMERIE DE FAIN ET THUNOT,
Rue Racine, 28, près de l'Odéon.

1841.

NOTE PRÉLIMINAIRE.

L'ordonnance du 18 septembre 1839 sur le conseil d'état renvoie au comité de législation l'examen des pensions des différents fonctionnaires du ministère de la justice et des cultes, de la grande chancellerie et des maisons de la Légion-d'Honneur, de l'imprimerie royale, ainsi que du ministère des affaires étrangères.

Les règlements applicables à ces divers services sont épars dans le *Bulletin des Lois*; plusieurs même ne s'y trouvent pas.

On a pensé qu'il serait utile à l'examen et à la prompte expédition de ces affaires, urgentes de leur nature, de rassembler dans un *Manuel* analogue à celui du comité de la guerre et de la marine, les actes officiels relatifs à ces liquidations, avec l'indication sommaire de la jurisprudence.

Celui qui présida le premier le comité de législation rétabli, M. Vivien, qui manque en ce moment au conseil d'état, avait ordonné ce travail. Devenu ministre, il songeait sans doute à faire recueillir également, par les divers comités, la législation relative aux matières dont ils connaissent. On aurait formé ainsi, en peu de temps, un code complet du conseil d'état. Le recueil que l'on publie en est le commencement, ou plutôt l'essai.

Voici l'ordre suivi dans ce *Manuel* :

MINISTÈRE DE LA JUSTICE ET DES CULTES.

1° *Législation générale*, comprenant les lois nécessaires à la liquidation des pensions qui ne sont pas régies par des règlements spéciaux, par exemple celles des anciens ministres d'état, membres du conseil d'état, etc.

2° Règlements applicables aux magistrats, employés des bureaux de la chancellerie et du conseil d'état, aux veuves et orphelins de ces fonctionnaires.

3° Règlements sur les pensions de l'imprimerie royale.

4° Règlements sur les pensions de la direction des cultes.

5° Règlements sur les pensions de la grande chancellerie de la Légion-d'Honneur, de la Maison royale de Saint-Denis et des succursales.

MINISTÈRE DES AFFAIRES ÉTRANGÈRES.

6° Règlements sur les pensions des agents diplomatiques.

7° Dispositions de lois générales, applicables à tous les pensionnaires.

8° Une table de la législation et de la jurisprudence.

En note se trouve l'indication des décisions, ordonnances et avis intervenus sur des liquidations litigieuses.

On a essayé, dans ce travail, de rassembler et de mettre sous les yeux du comité de législation tous les documents nécessaires aux liquidations dont il est chargé.

On fait remarquer que la plupart de ces documents ne se trouvent qu'aux archives du conseil d'état ou des ministères.

A. F.

21 décembre 1840.

MANUEL

DES PENSIONS

DU MINISTÈRE

DE LA JUSTICE ET DES CULTES,

ET DU MINISTÈRE

DES AFFAIRES ÉTRANGÈRES.

LÉGISLATION GÉNÉRALE.

Les ministres feront viser le travail des liquidations pour les pensions sur les fonds de l'État ou sur les fonds de retenue par le comité du conseil d'état attaché à leur ministère. (Art. 3 de l'ord. roy. du 20 juin 1817. — Art. 8 de l'ord. roy. du 17 août 1824. — Art. 16 de l'ord. roy. du 18 sept. 1839.)

Le comité de législation correspond aux départements de la justice et des cultes et des affaires étrangères. (Art. 17 de l'ord. du 18 sept. 1839.)

Jusqu'à cette époque la révision de ces liquidations était attribuée à une commission du conseil d'état, établie par ordonnance du 13 avril 1831.

Les avis sont motivés. (Décision du comité de législation, mars 1840.)

1

LÉGISLATION GÉNÉRALE

APPLIQUÉE AUX PENSIONS QUI NE SONT PAS LIQUIDÉES PAR DES RÈGLEMENTS PARTICULIERS.

MINISTRES D'ÉTAT, MEMBRES DU CONSEIL D'ÉTAT, ETC.

Loi du 3-22 août 1790. (Extrait.)

TITRE 1er.

Art. 4. Tout citoyen qui a servi..... sa patrie peut, suivant la nature et la durée de ses services, prétendre aux récompenses.

7. Aucune pension ne sera accordée à qui que ce soit avec clause de réversibilité ; mais, dans le cas de défaut de patrimoine, la veuve d'un homme mort dans le cours de son service public pourra obtenir une pension alimentaire et les enfants être élevés aux dépens de la nation, jusqu'à ce qu'elle les ait mis en état de pourvoir eux-mêmes à leur subsistance.

17. Aucun citoyen, hors le cas de blessures reçues ou d'infirmités contractées dans l'exercice de fonctions publiques et qui le mettent hors d'état de les continuer, ne pourra obtenir de pension qu'il n'ait 30 ans de service effectif.....

21. Le fonctionnaire public ou tout autre citoyen au service de l'État que ses blessures ou infirmités obligeront de quitter son service ou ses fonctions avant les 30 années expliquées ci-dessus, recevra une pension déterminée par la nature et la durée de ses services, le genre de ses blessures et l'état de ses infirmités.

TITRE II.

5. § 2. Les années de service qu'on aurait remplies dans les emplois civils hors de l'Europe seront comptées pour deux années lorsque les 3o ans de service effectifs seront d'ailleurs complets (1).

Décret interprétatif de la loi précédente.
18-22 *août* 1791. — (Extrait.)

Art. 1er. L'art. 7 du titre Ier du décret du 3 août 1790, qui porte que « dans le cas de défaut de pa-
» trimoine, la veuve d'un homme mort dans le cours
» de son service public pourra obtenir une pension
» alimentaire et les enfants être élevés aux dépens de
» la nation » s'entend des veuves et enfants des militaires et autres fonctionnaires publics qui, étant actuellement employés, meurent de blessures reçues
dans l'exercice de leurs fonctions, ou de maladies que
l'on constatera avoir été causées par l'exercice des
mêmes fonctions (2).

(1) Le bénéfice de cet article a été appliqué à M. le baron Pichon, conseiller d'état, par un avis du comité de la guerre du 12 juillet 1839, et l'ordonnance de concession du 30 juillet de la même année. (Insérée au *Bulletin des Lois*.)

(2) La demande de Mme Jauffret, veuve d'un maître des requêtes, décédé ayant moins de soixante ans d'âge et ne comptant pas trente années de service, a été rejetée par avis de la commission du 21 octobre 1835 : « Considérant que les lois de 1790
» et 1791, les seules que l'on pourrait invoquer pour accor-
» der des pensions à des veuves sur les fonds généraux, ne sont
» pas applicables à Mme Jauffret, attendu qu'il n'est pas
» constaté que la mort de son mari ait été causée par l'exer-
» cice de ses fonctions. »

Décret impérial contenant règlement sur les pensions. — 13 septembre 1806.

Napoléon, etc.

Art. 1er. En exécution de la loi du 15 germinal an XI, tout prétendant à pension adressera sa demande et les pièces justificatives au chef de l'administration à laquelle il appartient, et celui-ci adressera le tout, avec son avis, au ministre de son département.

2. Il sera tenu, dans chaque ministère, un registre de ces demandes, où elles seront portées par ordre de dates et de numéros; et chaque année, dans le courant de février, les ministres nous en feront les rapports.

3. La pension ne pourra être liquidée s'il n'y a trente ans de service effectif et soixante ans d'âge, à moins que ce ne soit pour cause d'infirmités. Elle sera liquidée au sixième du traitement dont le pétitionnaire aura joui pendant les quatre dernières années de son service.

4. Chaque année de service ajoutée aux trente ans effectifs produira une augmentation à la pension. Cette augmentation sera du trentième des cinq-sixièmes restants.

5. La pension ne pourra être liquidée au-dessus, soit de douze cents francs pour les traitements qui n'excéderont pas dix-huit cents francs, soit des deux tiers des traitements qui seront au-dessus de dix-huit cents francs, soit enfin de six mille francs, à quelque somme que monte le traitement.

6. Les dispositions ci-dessus ne sont point applica-

bles aux employés des ministères et des administrations dont les pensions sont acquittées au moyen de
retenues, et conformément à des règlements particuliers arrêtés par nous, à l'exception néanmoins de
ceux qui auraient pris leur retraite avant que lesdits
règlements eussent été rendus.

7. Nos ministres, chacun en ce qui le concerne,
sont chargés de l'exécution de notre présent décret (1).

Signé NAPOLÉON.

MAGISTRATURE.

**OFFICIERS DE JUSTICE. — EMPLOYÉS DE LA CHANCELLERIE.
— DES BUREAUX DU CONSEIL D'ÉTAT. — VEUVES ET
ORPHELINS.**

*Décret impérial concernant les officiers de justice
auxquels des infirmités donnent droit à une
pension de retraite. —* 2 octobre 1807.

NAPOLÉON, etc.

Art. 1er. Ceux de nos officiers, dans nos cours de
cassation, d'appel, de justice criminelle, ou dans nos

(1) M. le comte Benoît, ancien ministre d'état, comptant
moins de trente ans de services, demandait une pension de
retraite comme ayant été compris dans la suppression générale des ministres d'état en 1830. — Rejeté par avis de la
commission des pensions, du 13 juin 1833 : « Considérant
» que le décret du 13 septembre 1806 n'indique pas la sup-
» pression d'emploi comme une circonstance exceptionnelle
» à la condition générale de trente ans de service effectif pour
» obtenir pension sur les fonds de l'État. »

Dans la liquidation de la pension de M. Lechat, conseiller

tribunaux de première instance, que la cécité, la surdité ou d'autres infirmités graves mettraient hors d'état d'exercer leurs fonctions, seront admis à prendre leur retraite.

2. Lorsque ceux qui se trouveront dans l'un des cas ci-dessus déterminés, négligeront de demander leur retraite, nos présidents et nos procureurs généraux en donneront avis à notre grand-juge ministre de la justice, qui, après avoir demandé les observations de celui auquel on propose d'accorder une retraite, nous en fera son rapport, pour être par nous statué ainsi qu'il appartiendra.

3. Les officiers de nos cours et tribunaux, en retraite, conserveront leur titre, leur rang et leurs prérogatives honorifiques, sans néanmoins pouvoir exercer leurs fonctions : ils continueront d'être portés sur le tableau, et d'assister aux cérémonies publiques.

4. Lesdits officiers jouiront, en outre, d'une pension qui sera fixée par nos ordres pour chaque cas particulier.

5. Notre grand-juge ministre de la justice et notre ministre du trésor public sont chargés, chacun en ce qui le concerne, de l'exécution du présent décret, qui sera inséré au Bulletin des lois.

Signé NAPOLÉON.

d'état, la commission du conseil d'état a pensé qu'en l'absence de dispositions précises dans le décret du 13 septembre 1806, qui puissent s'opposer à ce que les fractions d'années soient comptées dans les liquidations des pensions civiles, il était juste de compter aux fonctionnaires liquidés d'après ce décret, la totalité des services qu'ils peuvent présenter. (Avis de la commission, appliqué le 2 mai 1835.)

Ordonnance du roi portant règlement sur les pensions de retraite à accorder aux présidents, conseillers, conseillers-auditeurs, juges et gens du roi des cours royales, tribunaux et justices de paix, ainsi qu'aux fonctionnaires et employés des bureaux de la chancellerie de France. — 23 septembre 1814.

Louis, etc.

Sur le rapport de notre amé et féal chevalier, chancelier de France, le sieur Dambray, président de la Chambre des pairs,

Nous avons ordonné et ordonnons :

Art. 1er. A compter du 1er octobre 18.j, la totalité du produit des places vacantes de présidents, conseillers, conseillers-auditeurs, juges et gens du roi de nos cours, tribunaux et justices de paix, ainsi que le montant des retenues ordonnées par le décret du 18 septembre 1806, sur le traitement des fonctionnaires et employés des bureaux de la chancellerie, seront affectés à la formation d'un fonds de pensions de retraite et de secours en faveur de ceux qui seront susceptibles d'en obtenir, ou de leurs veuves et orphelins.

2. Les demandes à fin de pensions seront adressées à notre chancelier de France.

3. Il sera tenu à la chancellerie un registre de ces demandes, où elles seront portées par ordre de dates et de numéros.

4. Les officiers de nos cours, tribunaux et justices de paix, ainsi que les fonctionnaires et employés de la chancellerie, n'auront droit à la pension de retraite qu'après trente ans de services publics

effectifs, dont au moins dix ans dans l'ordre judiciaire ou à la chancellerie (1).

(1) Les services militaires doivent être comptés séparément.

Avis du comité de législation du 30 novembre 1819, qui porte que les services militaires sont admissibles pour la pension, et qui dispose que ces services ne seront comptés, quant à leur valeur, que conformément aux lois et règlements concernant les services militaires.

Autre avis du 27 décembre 1839 :

« Considérant que le mode d'après lequel les services mili-
» taires et les services civils sont séparément liquidés selon le
» règlement spécial à chacun, a été constamment suivi sans
» réclamation au département de la justice ; qu'il a été adopté
» et consacré pour le ministère des finances, dans l'ordonnance
» royale du 2 janvier 1825, et que les règlements relatifs à la
» liquidation des pensions au département de la justice ne
» contiennent aucune disposition qui soit contraire à ce mode
» de liquidation (*). »

Les services militaires rendus sous l'ancien régime ne peuvent être admis avant l'âge de seize ans : « Considérant que les
» art. 29 et 31 de la loi du 11 avril 1831 s'appliquent à toutes
» les pensions dont la liquidation n'était pas encore terminée
» au jour de sa publication. » (Avis de la commission relatif à des services militaires rendus en qualité de cadet gentilhomme, par M. Medrano Durfort, juge de paix. — 23 avril 1831.)

(*) Dans la liquidation d'une pension d'un employé du ministère de l'intérieur, un principe différent a été adopté par une ordonnance rendue en conseil d'état, le 21 mars 1834 ;

« Considérant que, dans la liquidation des pensions sur fonds de
» retenue, les services militaires sont comptés comme tous les autres
» services rétribués par l'État ;

» Que les ordonnances qui ont modifié cette règle, ou prescrit de
» liquider séparément les services civils et les services militaires pour
» les employés de certaines administrations financières, sont spéciales
» à ces administrations, et ne peuvent être appliquées aux employés
» des administrations civiles ressortissant au ministère de l'intérieur,
» pour lesquels il n'est intervenu aucun règlement de cette nature. »

5. Toutefois elle pourra être accordée avant ce terme à ceux desdits officiers et employés que des accidents ou des infirmités rendraient incapables de continuer leurs fonctions, ou qui se trouveraient réformés par le fait de la suppression de leur emploi, pourvu qu'ils aient au moins dix années de service dans nos cours, tribunaux et justices de paix, ou dans la chancellerie (1).

(1) Le magistrat remplacé et non révoqué, que l'ordonnance qui prononce son remplacement n'admet pas en termes exprès à faire valoir ses droits à la retraite, mais qui justifie qu'avant son remplacement il était atteint d'infirmités contractées dans l'exercice de ses fonctions, et qui ne lui auraient pas permis de continuer ses fonctions, a droit à la pension accordée pour cause d'infirmités par l'art. 5 du règlement du 23 septembre 1814, s'il réunit d'ailleurs le temps de service exigé par ledit règlement.

« Considérant que notre ordonnance du 5 août 1830, qui
» a donné un successeur au sieur Desclaux, dans son emploi
» de procureur général à Colmar, n'a point prononcé sa ré-
» vocation ; que, si elle ne l'a pas admis, en termes exprès, à
» faire valoir ses droits à la retraite, elle ne lui a pas retiré
» ceux qu'il pouvait avoir à une pension pour cause d'infirmi-
» tés ; — Que, dès le 15 septembre suivant, le sieur Desclaux,
» dans une lettre adressée à notre garde-des-sceaux, invoquait
» l'état de sa santé comme lui donnant droit à une pension ;
» — Qu'il résulte des certificats produits, qu'à une époque
» antérieure au mois d'août 1830, il était atteint d'une infir-
» mité contractée dans l'exercice de ses fonctions, et qui avait
» déjà produit, à plusieurs reprises, des accidents graves, et
» ne lui aurait pas permis de continuer ses fonctions ; — Que
» ce fait est, en outre, attesté par les magistrats de la cour de
» Colmar et par les membres du barreau de la cour de cassa-
» tion, où le sieur Desclaux avait pris rang, et d'où il a été
» obligé de se retirer en raison de ses infirmités antérieures ;
» — Que dans ces circonstances, le sieur Desclaux a le droit

6. On comptera comme service effectif tout le temps d'activité dans les fonctions législatives, judiciaires ou administratives ressortissant au gouvernement (1).

7. La pension acquise après trente ans de service sera de moitié du traitement.

» de jouir de la pension accordée par l'art. 5 du règlement du » 23 septembre 1814, s'il réunit d'ailleurs le temps de ser- » vice exigé par ledit règlement. » (Ordonnance du roi ren- due en conseil d'état le 24 mai 1836.)

(1)   AGE AUQUEL LES SERVICES SONT ADMISSIBLES.

Les services rendus comme conseiller au parlement avant vingt-cinq ans, âge où l'on avait voix délibérative, ont été ad- mis : « Considérant que l'art. 6 de l'ordonnance royale du 23 » septembre 1814 détermine que l'on comptera comme service » effectif dans la liquidation des pensions tout le temps d'acti- » vité dans les fonctions législatives, judiciaires ou adminis- » tratives ressortissant au gouvernement.

» Considérant que le sieur de Mongenet, comme conseiller » au parlement avant l'âge où il avait voix délibérative, n'en » remplissait pas moins des fonctions judiciaires actives et ré- » tribuées ; que dès lors elles rentrent dans les termes de » l'art. 6 du règlement du 23 septembre 1814, et doivent lui » être entièrement comptées dans la liquidation de sa pen- » sion. » (Commission du conseil d'état. — 6 août 1834.)

Cette décision est contraire à la jurisprudence suivie dans deux liquidations analogues, où l'on n'a admis les services qu'à partir de l'époque à laquelle le magistrat avait voix délibéra- tive. (28 avril 1821 et 17 janvier 1829.)

ANCIENNE MAGISTRATURE DES COLONIES.

Services admis pour toute leur durée :
Conseiller au conseil supérieur de Saint-Domingue. (Déci- sion du 26 décembre 1816.)
Assesseur commissionné au même conseil. « Considérant

Elle s'accroîtra du vingtième de cette moitié, pour chaque année de service au delà de trente ans.

8. La pension accordée avant trente ans de service, et dans le cas prévu par l'article 5 des présentes, sera du sixième du traitement pour dix ans de service.

Elle s'accroîtra d'un soixantième de ce traitement pour chaque année de service au-dessus de dix ans, sans que, pour cela, elle puisse jamais excéder celle qui est accordée pour trente années.

9. La fraction de service au-dessous de sept mois ne sera pas comptée ; celle de sept mois et au-dessus le sera pour une année (1).

» qu'une rétribution permanente était affectée à ces fonc-
» tions. » (Avis du comité de législation du 30 juin 1810.)

Procureur général au conseil supérieur de l'île Bourbon. (Avis du comité de législation du 7 juillet 1827.)

MAGISTRATURE ACTUELLE.

Les services de conseiller-auditeur ont été admis avant l'âge de vingt-sept ans, époque à laquelle la voix délibérative est acquise, sur le motif que le magistrat touchait un traitement sujet à retenue. (Avis de la commission du 7 juin 1834.)

Les services des employés de la chancellerie et des bureaux du conseil d'état sont, quand ils ont été rétribués, admis avant l'âge de vingt ans, sur le motif qu'aucune disposition réglementaire n'impose de condition d'âge. (Avis de la commission du 9 décembre 1836 et du comité de législation du 5 août 1810.)

(1) La fraction de sept mois ne parfait ni la dixième ni la trentième année de service pour donner droit à la pension :

« Considérant que les art. 4 et 5 de l'ordonnance du 23 sep-
» tembre 1814 règlent d'une manière exclusive les cas dans
» lesquels les magistrats et employés ont droit à une pension
» de retraite, et ceux dans lesquels elle peut leur être accor-

10. La quotité de la pension sera réglée, dans tous les cas, sur le taux moyen du traitement dont les officiers de justice et employés auront joui pendant les trois dernières années de leur service (1).

11. Ladite pension ne pourra être fixée à moins de deux cents francs, ni excéder les deux tiers du traitement : elle ne pourra également s'élever à plus de six mille francs, quel que soit le taux du traitement.

12. Les veuves et orphelins desdits officiers et employés décédés en activité de service après dix années d'exercice, ou ayant été admis à la pension de retraite, pourront obtenir une pension ou des secours, en justifiant que l'état de leur fortune leur rend ces pensions ou secours nécessaires (2).

» dée ; que d'après ces articles, ils n'ont droit à une pension » qu'après trente ans de services effectifs, et qu'elle ne peut » leur être accordée avant ce terme que, lorsqu'ayant plus de » dix ans de service, ils sont atteints d'infirmités qui les » mettent hors d'état de continuer leurs fonctions ;

» Considérant qu'il résulte évidemment de l'économie de » l'ordonnance, que les dispositions de l'art. 9 relatives à la » durée des services au-dessus de sept mois, ne contiennent » rien de dérogatoire à ces articles, et n'ont pour objet que » la fixation de la quotité et de l'accroissement d'une pension » acquise aux termes desdits articles. » (Avis du comité de législation du 27 décembre 1839.) Cette décision a changé la jurisprudence jusqu'alors suivie à cet égard.

(1) La fraction de franc au-dessous de 50 c. ne sera pas comptée, et celle au-dessus de 50 c. le sera pour un franc. (Avis du 27 décembre 1839. — Comité de législation.)

La fraction précise de 50 c. est négligée. (Avis du 22 juillet 1810. — Comité de législation.)

(2) Les art. 12, 13 et 14, concernant les veuves, ont été abrogés par l'ordonnance spéciale du 17 août 1821.

13. Les orphelins ne recevront de pensions ou secours que jusqu'à ce qu'ils aient atteint l'âge de dix-huit ans révolus, à moins qu'ils ne soient affligés d'infirmités graves et incurables.

Les pensions ou secours cesseront également à l'égard de ceux desdits orphelins qui, par grâce spéciale, seraient élevés dans quelque établissement à la charge du gouvernement.

14. Les pensions ou secours qui seront accordés à une veuve et à ses enfants, quel que soit le nombre de ces enfants, ne pourront jamais excéder les deux tiers de la pension que leur mari et père aurait obtenue en vertu des articles 4 et 5 des présentes (1).

15. La destitution ou révocation emporte déchéance du droit à la pension.

Tout officier de justice et employé démissionnaire perd aussi ses droits à la pension.

16. Nul ne pourra cumuler une autre pension avec celle qu'il aurait obtenue en vertu des présentes, sinon dans les cas prévus par les lois. Il sera tenu de justifier, par un certificat du premier commis des

---

(1) Une ordonnance du roi rendue en conseil d'état exclut les enfants adoptifs du droit de pensions ou secours. (14 octobre 1831.)

« Considérant que la loi du 26 juillet 1821 , en accordant
» la réversibilité au profit des enfants des donataires des pen-
» sions accordées pour indemnité de la perte d'une dotation ,
» n'a pas entendu accorder le bénéfice de cette réversibilité
» pour les enfants adoptifs; que, pour que l'adoption pût
» être opposée à l'État, il faudrait qu'elle eût été autorisée par
» lui. »

finances chargé de la dette inscrite au trésor royal,
qu'il ne jouit d'aucune pension sur les fonds généraux (1).

17. Le trésor royal versera à la caisse d'amortissement, et par l'intermédiaire d'une partie prenante désignée par notre chancelier, les fonds provenant des places vacantes, ainsi que de la retenue
opérée sur le traitement des fonctionnaires et employés de la chancellerie.

Le montant de ces fonds, dont la caisse d'amortissement délivrera un récipissé aussitôt le versement
effectué, sera mentionné dans les ordonnances de
notre chancelier.

18. La caisse d'amortissement créditera les fonds
de secours et de pensions de retraite, des intérêts
à quatre pour cent des sommes qui n'auront pas
été employées, et rendra, dans les premiers jours de
chaque année, à notre chancelier, le compte de ses
recettes, avec le calcul des intérêts, ainsi que de la
dépense.

19. La caisse d'amortissement fera connaître à
notre chancelier l'extinction des pensions ou secours,
à mesure qu'elle en sera informée : une pension sera

(1) La veuve d'un magistrat qui jouissait d'une pension militaire est admise à faire valoir les services militaires de son
mari, avec ceux qui ont été rendus dans l'ordre judiciaire,
pour établir ses droits à une pension. Mais la fixation de la
pension qu'elle réclame ne peut être faite que sur celle qui
aurait été acquise au mari pour les services judiciaires seulement, Avis motivé du 2 septembre 1820. (Pension de la veuve
Pyot.) — (Voir la note placée sous l'art. 1 de l'ordonnance
du 8 juillet 1818.)

présumée éteinte, lorsque le pensionnaire aura laissé écouler trois années sans se présenter.

Notre chancelier donnera d'ailleurs les instructions nécessaires pour être informé des décès à mesure qu'ils arriveront.

20. La liquidation des pensions sera faite dans les bureaux de la chancellerie, et déférée ensuite à l'un des comités du conseil d'état qui ressortit à ce ministère, pour, sur le rapport de notre chancelier, être statué par nous en la forme d'arrêt du conseil.

21. Les pensions et secours seront payés tous les trois mois, par la caisse d'amortissement, sur un état nominatif arrêté par notre chancelier, et sur la production d'un certificat d'inscription de la partie prenante, qui justifiera en même temps de son existence dans la forme ordinaire.

22. Il ne sera accordé de pensions ou secours que jusqu'à la concurrence de deux à trois cent mille francs.

23. Seront réunies au fonds de pensions et secours créé par les présentes, les sommes actuellement disponibles à la caisse d'amortissement sur le fonds des retenues ordonnées, par le décret du 18 septembre 1806, sur le traitement des fonctionnaires et employés de la chancellerie.

24. A compter du 1er octobre 1814, les pensions et secours accordés en vertu du décret du 18 septembre 1806 et de notre ordonnance du 7 juin 1814, aux employés de l'ancien ministère de la justice et de la chancellerie de France, seront payés sur les fonds de pensions créés par les présentes.

25. A l'avenir, il ne sera accordé aux employés de

l'imprimerie royale aucune pension ni secours sur le fonds créé par les présentes.

Les secours et pensions qui ont été accordés jusqu'à ce jour aux employés de cette imprimerie, ainsi qu'à ceux du bureau de l'envoi des lois, en vertu du décret du 18 septembre 1806, continueront à leur être payés jusqu'au 1ᵉʳ janvier 1815.

A partir de cette époque, ces secours et pensions seront payés sur les propres fonds de l'imprimerie royale.

26. Tous règlements relatifs aux pensions et secours des officiers de justice, fonctionnaires et employés de la chancellerie de France, contraires à ce qui est ordonné par les présentes, sont abrogés.

27. Notre chancelier de France et notre ministre secrétaire d'état des finances sont chargés, chacun en ce qui le concerne, de l'exécution des présentes.

Signé Louis.

Ordonnance du roi, additionnelle à celle du 23 septembre 1814 sur les pensions des fonctionnaires de l'ordre judiciaire et de la chancellerie de France. — 9 janvier 1815.

Louis, etc.

Par notre ordonnance du 23 septembre dernier, nous avons statué sur les pensions de retraite à accorder aux magistrats de nos cours, tribunaux et justices de paix, ainsi qu'aux fonctionnaires et employés de la chancellerie de France :

Mais il nous a été exposé,

1° Qu'il s'est élevé des doutes sur son application aux divers individus qui en sont susceptibles;

2° Que les fonds destinés par notre susdite ordonnance pour faire face aux pensions, sont insuffisants, et qu'il convient d'y suppléer :

Ayant égard à l'offre faite par plusieurs magistrats recommandables, de contribuer à l'augmentation desdits fonds par une retenue annuelle sur leurs traitements, et considérant que ce moyen est admis généralement dans les administrations;

Voulant en outre pourvoir à une répartition équitable desdits fonds entre ceux qui auront contribué à les former;

Sur le rapport de notre amé et féal chevalier, chancelier de France, le sieur Dambray;

Notre conseil d'état entendu,

Nous avons ordonné et ordonnons ce qui suit :

Art. 1er. Les dispositions de notre ordonnance du 23 septembre dernier sur les pensions et secours à accorder aux membres de nos cours, tribunaux de première instance et justices de paix, ne sont applicables qu'aux magistrats qui étaient en exercice à cette époque.

2. La pension à laquelle peuvent avoir droit les magistrats qui, avant le 23 septembre 1814, avaient cessé leurs fonctions pour quelque cause que ce fût, sera réglée conformément au décret du 2 octobre 1807, et, autant que faire se pourra, d'après les bases établies par celui du 13 septembre 1806.

3. Si, dans le nombre des magistrats dont il est parlé dans l'article précédent, il s'en trouve qui ne soient point susceptibles d'obtenir une pension, il

pourra, eu égard à leur position et à leurs services, leur être accordé, sur les fonds des pensions, un traitement provisoire qui ne pourra s'élever à plus de *quatre mille francs*.

Ces magistrats n'en jouiront que pendant l'année 1815, à moins qu'il n'en soit, par nous, autrement ordonné.

4. Il sera fait une retenue de *deux pour cent* sur le traitement des présidents, conseillers, conseillers-auditeurs et juges en nos cours, tribunaux de première instance et justices de paix, ainsi que sur celui de nos procureurs, avocats et substituts établis près ces cours et tribunaux, pour, ladite retenue, avec le produit des places vacantes, former le fonds destiné aux pensions et secours.

Cette retenue n'aura lieu que sur le traitement qui courra à partir du 1er janvier présent mois.

5. La retenue sera faite par notre ministre secrétaire d'état des finances, sur le montant des ordonnances délivrées par notre chancelier.

Elle sera mentionnée dans lesdites ordonnances, et reçue par la partie prenante qui y sera désignée, pour être immédiatement versée à la caisse d'amortissement, qui en délivrera un récépissé.

6. La caisse d'amortissement tiendra compte des intérêts des sommes qui n'auront pas été employées, à raison de *quatre pour cent*.

7. Il ne sera accordé de pensions, secours ou traitements provisoires, que jusqu'à la concurrence des neuf dixièmes des fonds libres.

8. A l'avenir, le traitement ne sera payé aux magistrats désignés dans la présente ordonnance, qu'à

partir du premier jour du mois qui suivra la presta-
tion de leur serment.

9. Les dispositions contenues dans notre ordonnance du 23 septembre 1814, et qui ne sont point
contraires aux présentes, continueront d'être exécu-
tées.

10. Notre chancelier et notre ministre secrétaire
d'état des finances sont chargés, chacun en ce qui le
concerne, de l'exécution des présentes.

Donné à Paris, au château des Tuileries, le 9 janvier de l'an de grâce 1815, et de notre règne le
vingtième.

Signé Louis.

*Ordonnance du roi tendant à rendre communes
aux employés du conseil d'état les ordonnances
des 23 septembre 1814 et 9 janvier 1815, relatives aux pensions des employés de la chancellerie.— 19 juin 1816.*

Louis, etc.

Considérant qu'il n'a pas encore été assuré de fonds
de retraite pour fournir aux pensions que seraient
dans le cas de réclamer les employés de notre conseil
d'état, devenus incapables par l'âge ou les infirmités
de continuer leurs services;

Voulant rendre communes à ces employés les mesures de prévoyance et d'économie qui ont été adop-
tées pour les employés des autres administrations
publiques, et notamment de notre ministre de la
justice;

Voulant toutefois rétablir, autant que possible,

l'égalité proportionnelle entre la mise de fonds à fournir par lesdits employés, et celle qui a déjà été versée par les membres de nos tribunaux et les employés de notre ministère de la justice ;

A ces causes,

Nous avons ordonné et ordonnons, etc.

Art. 1er. Nos ordonnances des 23 septembre 1814 et 9 janvier 1815, relatives aux pensions de retraite des membres de nos tribunaux et des employés de notre ministère de la justice, sont rendues communes aux employés de notre conseil d'état actuellement en activité de service.

2. Pendant dix ans, à partir de la présente ordonnance, tout nouvel employé du conseil d'état versera au fonds de retraite le premier mois de son traitement ; les employés verseront au même fonds le premier mois d'augmentation de traitement et le dixième de toute gratification qui pourraient leur être accordés.

3. Ne seront pas soumis aux dispositions du précédent article les employés du contentieux qui ont concouru, dès le principe, avec les employés du ministère de la justice, à la formation du fonds de retraite.

4. Notre chancelier de France, chargé, etc.

Signé Louis.

Ordonnance du roi, additionnelle à celle du 23 sep-
tembre 1814, concernant les pensions de retraite
assignées sur les fonds de retenue du ministère
de la justice. — 22 février 1821.

Louis, etc.

Vu les articles 5 et 8 de notre ordonnance en
date du 23 septembre 1814, portant règlement des
pensions de retraite assignées sur les fonds de retenue
de notre ministère de la justice ;

Considérant que les bases déterminées par l'article 8 pour fixer le montant de la pension facultative
accordée en vertu de l'article 5 de l'ordonnance précitée, n'établissent point des proportions convenables
entre la récompense donnée après trente ans de service et soixante ans d'âge, et celle donnée avant trente
ans ;

Voulant remédier à cette disproportion, qui se
manifeste spécialement dans les pensions afférentes
aux fonctionnaires qui jouissent de traitements très-
élevés ;

Sur le rapport de notre garde des sceaux, ministre
secrétaire d'état de la justice ;

Nous avons ordonné et ordonnons ce qui suit :

Art. 1ᵉʳ. La pension qui peut être accordée avant
trente ans d'exercice, dans les cas prévus et sous les
conditions déterminées par l'article 5 de notre ordonnance du 23 septembre 1814, sera, pour les dix premières années, du tiers de celle qui aurait été acquise
pour trente années de service, avec accroissement
du trentième pour chaque année de service au-dessus

de dix ans, le tout sans préjudice des limites posées par l'article 11.

2. Notre garde des sceaux, ministre secrétaire d'état de la justice, et notre ministre secrétaire d'état des finances, sont chargés, chacun en ce qui le concerne, de l'exécution de la présente ordonnance, qui sera insérée au Bulletin des lois.

Donné à Paris, au château des Tuileries, le 22 février de l'an de grâce 1821, et de notre règne le vingt-sixième.

Signé LOUIS.

Loi concernant l'admission à la retraite des juges atteints d'infirmités graves et permanentes. — 16 juin 1824.

LOUIS, etc.

Nous avons proposé, les chambres ont adopté, nous avons ordonné et ordonnons ce qui suit :

Art. 1er. Dans les cas où il y aura lieu d'admettre à la retraite les membres de nos cours et tribunaux que des infirmités graves et permanentes mettraient hors d'état d'exercer leurs fonctions, il y sera pourvu dans les formes et sous les conditions prescrites par les articles suivants.

2. Il sera formé une commission composée du premier président, des présidents de la chambre et du doyen de la cour à laquelle appartiendra le magistrat désigné, ou dans le ressort de laquelle sera établi le tribunal dont il fera partie, à l'effet de décider préalablement s'il y a lieu de procéder à la vérification de l'état et de la santé de ce magistrat.

3. Cette commission sera convoquée d'ollice par le premier président, ou sur la réquisition du procureur général.

4. Le procureur général assistera aux délibérations de la commission, et y sera entendu.

5. Il sera dressé, dans tous les cas, procès-verbal des réquisitions du procureur général et des délibérations de la commission.

6. Si la commission est d'avis qu'il existe des motifs suffisants de croire à la réalité de l'infirmité alléguée, elle ordonnera qu'il en sera référé au garde des sceaux, ministre et secrétaire d'état au département de la justice.

Dans le cas contraire, elle déclarera qu'il n'y a lieu à procéder à de plus amples vérifications.

7. Lorsque la commission déclarera qu'il en sera référé, les pièces seront transmises dans les trois jours au garde des sceaux, qui ordonnera, s'il y a lieu, qu'il en soit informé.

8. Si le garde des sceaux ordonne qu'il en soit informé, la cour sera immédiatement convoquée en assemblée générale des chambres, et nommera un ou plusieurs commissaires pour procéder à l'information.

9. Les commissaires délégués par la cour recueilleront tous les documents nécessaires, et recevront, selon l'exigence des cas, les déclarations des témoins et des gens de l'art.

Ils recevront également les explications écrites ou verbales que voudra fournir le magistrat réputé atteint d'une infirmité incurable.

Si le magistrat refuse ou ne peut donner les explications demandées, il en sera fait mention au procès-verbal.

10. L'information sera communiquée, après sa clôture, au procureur général, qui pourra requérir ce qu'il appartiendra.

11. Les commissaires feront leur rapport dans les trois jours de la clôture définitive de l'information.

La cour, après avoir entendu le procureur général, déclarera si elle est d'avis qu'il y ait lieu d'admettre à la retraite le magistrat désigné.

12. Dans le cas de l'affirmative, cette mesure pourra être proposée au roi par le garde des sceaux, ministre et secrétaire d'état de la justice.

13. Les magistrats admis à la retraite en vertu de la présente loi auront droit à une pension qui sera liquidée conformément aux lois et aux règlements.

Ils pourront recevoir, en outre, le titre de président, de conseiller ou de juge honoraire, et jouiront des priviléges honorifiques attachés à ce titre.

14. Lorsque la proposition tendant à faire admettre à la retraite aura été rejetée, soit par la commission d'examen formée en exécution de l'article 2, soit par la cour, elle ne pourra être reproduite qu'après le délai de deux années.

15. La présente loi sera applicable aux membres de la cour des comptes. En ce cas, l'ordre d'informer sera donné et la proposition d'admettre à la retraite sera faite par le ministre secrétaire d'état des finances.

La présente loi, discutée, délibérée et adoptée par la chambre des pairs et par celle des députés, et sanctionnée par nous cejourd'hui, sera exécutée comme loi de l'État; voulons, en conséquence, qu'elle soit gardée et observée dans tout notre royaume, terres et pays de notre obéissance.

Si donnons en mandement à nos cours et tribunaux, préfets, corps administratifs, et tous autres, que les présentes ils gardent et maintiennent, fassent garder, observer et maintenir, et, pour les rendre plus notoires à tous nos sujets, ils les fassent publier et enregistrer partout où besoin sera, car tel est notre plaisir; et, afin que ce soit chose ferme et stable à toujours, nous y avons fait mettre notre scel.

Donné à Paris, en notre château des Tuileries, le 16ᵉ jour du mois de juin, l'an de grâce 1824, et de notre règne le trentième.

Signé LOUIS.

Ordonnance du roi relative aux pensions et secours qui peuvent être accordés aux veuves et orphelins des magistrats, et aux veuves et orphelins des chefs et employés des bureaux du ministère de la justice et du conseil d'état. — 17 août 1824.

LOUIS, etc.

Vu les articles 12, 13 et 14 de notre ordonnance du 23 septembre 1814, relatifs aux pensions et secours qui peuvent être accordés aux veuves et orphelins des magistrats;

Voulant attribuer aux dispositions de ces articles toute l'extension qui est compatible avec l'état actuel de la caisse des retenues, et donner ainsi à la magistrature une nouvelle preuve de notre bienveillance et de notre sollicitude;

Sur le rapport de notre garde des sceaux, ministre secrétaire d'état au département de la justice;

Notre conseil d'état entendu,

Nous avons ordonné et ordonnons ce qui suit :

Art. 1er. La veuve d'un magistrat a droit à une pension sur les fonds de retenue du ministère de la justice,

1° Lorsqu'au moment du décès de son mari, celui-ci avait trente ans de services susceptibles d'être récompensés, soit que la pension du mari ait été liquidée, ou que la liquidation n'en ait pas encore été faite ;

2° Lorsque son mari est décédé jouissant d'une pension de retraite concédée pour moins de trente ans de services, et liquidée postérieurement à la publication de la présente ordonnance.

2. Dans le cas de l'article précédent, la pension de la veuve sera du tiers de celle dont son mari jouissait, ou qu'il aurait eu le droit d'obtenir; elle ne pourra néanmoins être au-dessous de cent francs.

3. La veuve d'un magistrat décédé en activité et ayant moins de trente ans, mais plus de dix ans de services dans l'ordre judiciaire, pourra obtenir une pension sur les fonds de retenue, en justifiant que cette pension lui est nécessaire.

Il en sera de même de la veuve d'un magistrat décédé en retraite et qui jouissait d'une pension liquidée pour moins de trente ans de services, avant la publication de la présente ordonnance.

4. La pension sera considérée comme nécessaire lorsque les revenus de la veuve, à l'époque du décès de son mari, seront inférieurs aux deux tiers de

la pension que celui-ci aurait obtenue ou pu obtenir.

La veuve justifiera du montant de ses revenus dans la forme et sous les conditions déterminées par notre ordonnance du 16 octobre 1822 (1).

5. La quotité de la pension qui pourra être accordée dans les cas prévus par les articles 3 et 4, sera déterminée ainsi qu'il suit :

Lorsque les revenus de la veuve n'excéderont pas le tiers de la pension que son mari aurait obtenue ou pu obtenir, la pension de cette veuve sera du tiers de celle du mari, sans pouvoir néanmoins être au-dessous de cent francs.

Lorsque la veuve jouira d'un revenu supérieur au tiers de la pension qui aura été ou qui aurait pu être accordée au mari, la pension de ladite veuve sera réglée de manière que, réunie à son revenu, elle n'excède pas les deux tiers de la pension du mari.

6. Si la veuve jouit d'un revenu supérieur ou égal aux deux tiers de la pension accordée ou qui eût pu être accordée à son mari, il ne pourra lui être donné de pension.

7. Il ne sera point accordé de pension sur les fonds de retenue du ministère de la justice aux veuves qui n'auront pas été mariées cinq ans avant la cessation des fonctions de leur mari, non plus qu'à celles qui seront séparées de corps, lorsque la séparation aura été prononcée sur la demande de leur mari.

8. Conformément à l'art. 20 de notre ordon-

(1) Voir l'Instruction ministérielle du 24 août 1824.

nance du 23 septembre 1814, la liquidation des pensions des veuves des magistrats sera préalablement soumise à l'examen de l'un des comités de notre conseil d'état, et réglée ultérieurement par une ordonnance rendue par nous sur le rapport de notre garde des sceaux.

9. La pension des veuves qui contracteront un nouveau mariage, cessera de plein droit dès le jour de la célébration (1).

10. Les secours qui peuvent être accordés aux orphelins, dans les cas prévus par l'article 13 de notre ordonnance du 23 septembre 1814, sont fixés pour chacun au vingtième de la pension que leur père aurait obtenue ou pu obtenir ; néanmoins ces secours ne seront pas au-dessous de cinquante francs.

11. Pour obtenir des secours, les tuteurs des orphelins, ou les orphelins eux-mêmes, s'ils sont majeurs, justifieront de l'insuffisance de leurs revenus, en la forme et sous les conditions déterminées par notredite ordonnance du 16 octobre 1822.

12. Les dispositions de la présente ordonnance sont applicables aux veuves et orphelins des chefs et employés des bureaux du ministère de la justice et du conseil d'état.

13. Notre garde des sceaux, ministre secrétaire d'état au département de la justice, est chargé de l'exécution de la présente ordonnance, qui sera insérée au Bulletin des lois.

(1) Appliqué par la commission du conseil d'état à la dame veuve Anselin née Farcot, qui avait convolé à de secondes noces. (Avis du 28 mars 1833.)

Donné à Paris, au château des Tuileries, le 17ᵉ jour du mois d'août de l'an de grâce 1824, et de notre règne le trentième.

Signé Louis.

Ordonnance du roi portant que les services judi-ciaires rendus dans les charges vénales de l'an-cienne magistrature pourront être comptés pour la liquidation des pensions susceptibles d'être réclamées sur les fonds généraux du trésor royal. — 24 novembre 1824.

CHARLES, etc.

Vu un avis émis par notre conseil d'état, réuni en assemblée générale, le 22 janvier dernier, portant qu'il y a lieu de compter, pour la liquidation des pensions susceptibles d'être réclamées sur les fonds généraux de notre trésor royal, les services judi-ciaires anciennement rendus dans les charges vé-nales ;

'Vu les lois des 22 août 1790 et 31 juillet 1791 ;

Vu l'arrêté du gouvernement du 15 floréal an XI (5 mai 1803) ;

Considérant que les articles 4 et 17 de la loi du 22 août 1790, permettent d'accorder des pensions à tous ceux qui pendant trente ans ont servi l'État dans des fonctions publiques ; que l'article 22 désigne les fonctions judiciaires comme susceptibles de cette ré-compense ;

Que cette loi ne distingue pas entre les magistrats qui ont servi avant ou après 1790, ni entre ceux qui ont possédé des charges vénales ou qui ont été pourvus gratuitement de leurs offices, et que dès lors on pourrait les considérer comme ayant les mêmes titres et droits ;

Sur le rapport de notre ministre secrétaire d'état de la justice,

Nous avons ordonné et ordonnons ce qui suit :

Art. 1er. Les services judiciaires rendus dans les charges vénales de l'ancienne magistrature pourront être comptés pour la liquidation des pensions susceptibles d'être réclamées sur les fonds généraux de notre trésor royal, 1° lorsque, conformément à l'arrêté du 15 floréal an XI, le réclamant joindra aux services ci-dessus d'autres services rendus depuis le 1er janvier 1772 ;

2° Et lorsque, conformément au décret du 13 septembre 1806, il justifiera de soixante ans d'âge, de trente ans de services effectifs, et qu'il aura pendant les quatre dernières années touché un traitement d'après lequel sa pension puisse être liquidée (1).

(1) Les services rendus dans les justices seigneuriales ne sont pas admis, ces *fonctions ne ressortissant pas directement au gouvernement*. (Avis des 17 janvier, 26 juin 1824 et 11 juin 1825, etc.)

EXCEPTION.

Ces services ont été admis, contrairement au rapport des bureaux, dans les circonstances suivantes. Le décret du 4 août 1789, sanctionné le 29 septembre, porte : *Les officiers des justices seigneuriales continueront leurs fonctions jusqu'à ce qu'il ait été pourvu à l'établissement d'un nouvel ordre judiciaire.* M. Brière, conseiller à la cour royale de Paris, voulait compter les services qu'il avait rendus comme lieutenant général du bailliage seigneurial de Baville, depuis

2. Ces services néanmoins ne pourront être comptés que pour compléter les trente années nécessaires pour l'admission à la pension, et de manière à ce qu'ils ne contribuent en rien à augmenter la quotité de la pension attribuée à cette durée de services par le décret du 13 septembre 1806 (1).

3. Nos ministres secrétaires d'état sont chargés, chacun en ce qui le concerne, de l'exécution de la présente ordonnance.

Donné en notre château des Tuileries, le 24 novembre, l'an de grâce 1824, et de notre règne le premier.

Signé CHARLES.

Ordonnance du roi sur les retenues à exercer au profit de la caisse des retraites du département de la justice. — 4 février 1832.

LOUIS-PHILIPPE, etc.

Vu le compte qui nous a été rendu sur la situation de la caisse des retraites du département de la justice ;

le 29 septembre 1789 jusqu'au 12 décembre 1790, ayant *continué* ses fonctions pendant cet espace de temps.

Ces services furent admis. « Considérant qu'à partir du 29 » septembre 1789 les officiers des justices seigneuriales n'ont » plus exercé leurs fonctions en vertu des provisions données » par les seigneurs, mais en vertu du mandat exprès qui leur » avait été conféré par le roi. » (Avis du 3 février 1827.)

(1) Les services de l'ancienne magistrature sont néanmoins comptés pour toute leur durée dans la liquidation des pensions sur la caisse des retraites. (Suivant avis des 2 août 1821, 20 mars 1824, 17 décembre 1825, 21 avril et 30 juin 1840, etc.)

Considérant que les ressources de cette caisse ne sont plus en rapport avec ses charges, et qu'il serait impossible d'assurer le service des pensions si la magistrature ne s'imposait pas de nouveaux sacrifices;

Sur le rapport de notre garde des sceaux, ministre secrétaire d'état au département de la justice.

Nous avons ordonné et ordonnons ce qui suit :

ART. 1er. Les recettes de la caisse des retraites du ministère de la justice se composeront, à dater du 1er février présent mois,

1° D'une retenue de cinq pour cent sur le traitement des présidents, conseillers, conseillers-auditeurs et juges en notre cour de cassation, et nos cours royales, tribunaux de première instance et justice de paix, ainsi que sur celui de nos procureurs, avocats généraux et substituts près ces cours et tribunaux;

2° De la retenue du premier mois de traitement;

3° De la retenue, pendant le premier mois, de toutes les augmentations de traitement obtenues, soit dans les mêmes fonctions, soit par suite de promotion à une place supérieure;

4° Des fonds subventionnels accordés par les lois de finances.

2. Ces dispositions sont applicables aux chefs de service et employés de l'administration centrale du ministère de la justice et des bureaux du conseil d'état.

3. Notre garde des sceaux, ministre secrétaire d'état au département de la justice, et notre ministre secrétaire d'état au département des finances, sont chargés, chacun en ce qui le concerne, de l'exécu-

tion de la présente ordonnance, qui sera insérée au Bulletin des lois.

Signé LOUIS-PHILIPPE.

IMPRIMERIE ROYALE.

FONCTIONNAIRES. — CHEFS. — EMPLOYÉS. — OUVRIERS. —
VEUVES ET ORPHELINS.

Décret impérial, relatif aux pensions de retraite des employés du ministère de la justice, du bureau de l'envoi des lois, et de l'imprimerie impériale. — 18 septembre 1806.

NAPOLÉON, etc.;

Sur le rapport de notre grand-juge ministre de la justice;

Notre conseil d'état entendu,

Nous avons décrété et décrétons ce qui suit :

TITRE Ier.

Dispositions générales.

Art. 1er. A compter du 1er octobre 1806, il sera fait, chaque mois, sur tous les traitements des employés du ministère de la justice, des employés du bureau de l'envoi des lois et de l'imprimerie impériale, une retenue de deux centimes par franc, pour former un fonds de pensions de retraite et de secours en faveur de ceux qui en seront susceptibles, ou de leurs veuves et orphelins.

2. Le montant net des traitements, pendant les

vacances d'emploi qui n'excéderont pas un mois, sera ajouté au fonds de retraite.

3. Le grand-juge ministre de la justice est autorisé à prélever, à dater de la même époque, 1er octobre 1806, sur les fonds affectés dans son budget aux frais de bureau, impressions, etc. de son ministère, une somme de six mille francs, chaque année, pendant dix ans seulement, pour former le premier fonds des retraites et pensions, et représenter les services passés, sur lesquels il n'y a point eu de retenue.

TITRE II.

Des conditions pour pouvoir obtenir une pension.

4. Les demandes à fin de pension seront adressées, avec les pièces justificatives, au grand-juge ministre de la justice.

5. Il sera tenu un registre de ces demandes, où elles seront portées par ordre de dates et de numéros.

6. Le ministre fera examiner ces demandes et vérifier les titres à l'appui; et chaque année, sur son rapport, les pensions seront fixées par nous en conseil d'état.

7. Il ne sera accordé de pensions que jusqu'à concurrence des fonds libres sur le montant des retenues et sur ceux ajoutés par l'article 3 du présent décret.

8. Les employés désignés au présent décret pourront, après trente ans de service effectif, ou lorsqu'au terme de vingt-cinq ans d'un pareil service ils auront atteint l'âge de soixante ans, obtenir une pension de

retraite, pour laquelle on comptera, comme service effectif, tout le temps d'activité dans d'autres administrations publiques qui ressortissaient au gouvernement, quoiqu'étrangères à celle dans laquelle les employés se trouvent placés, et sous la condition qu'ils auront au moins dix ans de service dans le ministère de la justice ou dans les comités du gouvernement et les commissions exécutives qui représentaient ce ministère.

La pension pourra cependant être accordée, avant lesdits trente ou vingt-cinq ans de service, à ceux que des accidents ou des infirmités rendraient incapables de continuer les fonctions de leur place, ou qui se trouveraient réformés après dix ans de service et au-dessus, par le fait de la suppression de leur emploi.

9. Pour déterminer la fixation de la pension, il sera fait une année moyenne du traitement fixe dont les réclamants auront joui pendant les trois dernières années de leur service.

Les gratifications qui leur auraient été accordées pendant ces trois ans, ne feront point partie de ce calcul.

10. La pension accordée après lesdits trente ou vingt-cinq ans de service, ne pourra excéder la moitié de la somme réglée par l'article précédent.

Elle s'accroîtra du vingtième de cette moitié pour chaque année de service au-dessus desdits trente ou vingt-cinq ans, sans que, dans aucun cas, la retraite puisse excéder la somme de six mille francs pour les chefs de division, trois mille francs pour les chefs de bureau, et deux mille francs pour les autres employés.

11. La pension accordée ayant vingt-cinq ans de service, dans le cas prévu par le second paragraphe de l'article 8, sera du sixième du traitement pour dix ans de service et au-dessus.

Elle s'accroîtra d'un soixantième de ce traitement pour chaque année de service au-dessus de dix ans, sans pouvoir excéder la moitié du traitement.

12. Les pensions et secours aux veuves et orphelins ne pourront excéder la moitié de celle à laquelle le décédé aurait eu droit.

Ces pensions ne seront accordées qu'aux veuves et orphelins des employés décédés en activité de service, ou ayant eu pension de retraite.

Les veuves n'y auront droit qu'autant qu'elles auraient été mariées depuis cinq ans et non divorcées, et qu'elles n'auraient pas contracté de nouveau mariage.

Dans le cas où le décédé n'aurait pas acquis de droit à une pension, la veuve ne pourra y prétendre.

13. Si l'employé laisse une veuve sans aucun enfant au-dessous de l'âge de quinze ans, la pension sera du quart de la retraite qui aurait été accordée à son époux, si elle eût été fixée à l'époque de son décès.

Dans le cas où le décédé aurait laissé à la charge de sa veuve un ou plusieurs enfants au-dessous de quinze ans, la pension pourra être augmentée, pour chacun de ces enfants, de cinq pour cent de la retraite qui aurait été réglée pour le décédé, et sans, toutefois, que la totalité de la somme à accorder à la veuve, tant pour elle que pour ses enfants, puisse jamais excéder le double de celle qu'elle eût obtenue dans la première hypothèse.

14. Si la veuve décède avant que les enfants provenant de son mariage avec l'employé son défunt mari aient atteint l'âge de quinze ans, sa pension sera reversible à ses enfants, qui en jouiront comme les autres orphelins jouiront de la leur, par égale portion, jusqu'à l'âge de quinze ans accomplis, mais sans réversibilité des uns aux autres enfants.

15. Si les employés ne laissent pas de veuve, mais seulement des orphelins, il pourra leur être accordé des pensions de secours jusqu'à ce qu'ils aient atteint l'âge de quinze ans. La quotité sera fixée, pour chacun, à la moitié de ce qu'aurait eu leur mère, si elle avait survécu à son mari, et ne pourra excéder, pour tous les enfants ensemble, la moitié de la pension à laquelle leur père aurait eu droit ou dont il jouissait.

La pension qui pourrait revenir, d'après les précédentes dispositions, à un ou plusieurs de ces enfants, leur sera conservée pendant toute leur vie s'ils sont infirmes, et, par l'effet de ces infirmités, hors d'état de travailler pour subvenir à leurs besoins.

16. En cas de concurrence entre plusieurs employés réclamant pension, l'ancienneté de service d'abord, et ensuite l'âge et les infirmités, décideront de la préférence.

17. Les dispositions du présent décret ne seront applicables qu'au bénéfice des employés actuels du ministère de la justice, du bureau de l'envoi des lois

et de l'imprimerie impériale, ou de ceux qui y seront admis.

TITRE III.

Des cas de suspension et de privation du droit à la pension de retraite.

18. Nul employé démissionnaire n'a droit de prétendre au remboursement des retenues exercées sur son traitement, ni à aucune indemnité en conséquence ; mais si par la suite il était admis à rentrer dans le ministère ; le temps de son premier service compterait pour la pension.

19. Tout employé destitué perd ses droits à la pension, quand il aurait le temps de service nécessaire pour l'obtenir, il ne peut prétendre ni au remboursement des sommes retenues sur son traitement pour les pensions, ni à aucune indemnité équivalente.

TITRE IV.

Payement des pensions, versement et comptabilité des fonds de retenue.

20. Les pensions accordées sur les fonds de retenue et sur ceux ajoutés par l'article 3 du présent décret, seront payées comme les traitements.

21. Au commencement de chaque semestre, il sera formé un bordereau général, contenant :

1° L'état des retenues faites pendant le semestre, échu, et de celles présumées dans le semestre suivant ; au total de cet état il sera ajouté le montant du prélèvement autorisé par l'article 3 du présent décret;

2° L'état des pensions accordées et de celles éteintes;

3° L'état des nouvelles demandes de pensions, et des sommes nécessaires pour les acquitter.

22. Si le produit des fonds destinés aux pensions a excédé le montant des payements à faire aux pensionnaires, l'excédant sera versé à la caisse d'amortissement, qui en accumulera les intérêts, à cinq pour cent par an, au profit desdits fonds.

23. Les produits des retenues, des versements à la caisse d'amortissement, et des intérêts qui en proviendront, seront uniquement et privativement affectés à la destination prescrite par le présent décret.

24. Une expédition du bordereau général ordonné par l'article 21, sera remise tant au grand-juge ministre de la justice qu'au directeur général de la caisse d'amortissement.

25. La caisse d'amortissement rendra, chaque année au grand-juge ministre de la justice, compte par écrit des sommes qu'elle aura reçues, payées ou employées, et des extinctions de pensions qui seront survenues. Ce compte arrêté sera mis sous nos yeux, chaque année, par le ministre.

26. Notre grand-juge ministre de la justice et notre ministre du trésor public sont chargés, chacun en ce qui le concerne, de l'exécution du présent décret.

Signé NAPOLÉON.

Ordonnance du roi relative à la formation d'une seule caisse commune de pensions de retraite et de secours en faveur des employés et ouvriers de l'imprimerie royale, de leurs veuves et orphelins, et concernant la liquidation et le payement desdites pensions de retraite. — 3 juillet 1816.

Louis, etc. ;

Vu l'article 25 de notre ordonnance du 23 septembre 1814, qui porte qu'à compter du 1ᵉʳ janvier 1815, les secours et pensions accordés aux employés de l'imprimerie royale et de l'envoi des lois seront payés sur les propres fonds de l'imprimerie royale ;

Les articles 19 et 20 de l'ordonnance du 28 décembre suivant, qui ordonnent que les fonds en caisse et les recouvrements arriérés de l'imprimerie royale seront employés à former un fonds spécialement affecté au service, soit des pensions acquises, soit de celles qui deviendront exigibles à l'avenir d'après les règlements qui seront établis, et que, dans le cas où les fonds constatés au 1ᵉʳ janvier 1815 ne se trouveraient pas entièrement absorbés, il sera par nous statué sur leur emploi ;

Sur le rapport de notre amé et féal chevalier, chancelier de France, le sieur *Dambray*, chargé par *interim* du portefeuille du ministère de la justice ;

Notre conseil d'état entendu,

Nous avons ordonné et ordonnons ce qui suit :

TITRE Iᵉʳ.

Formation de la caisse.

Art. 1ᵉʳ. Il sera formé une seule caisse commune

de pensions de retraite et de secours en faveur des employés et ouvriers de l'imprimerie royale et de leurs veuves et orphelins.

2. Cette caisse sera composée :

1° Des fonds des deux caisses de pensions de retraite et de secours desdits employés et ouvriers actuellement existants à la caisse d'amortissement;

2° De la retenue de deux pour cent qui continuera d'être faite sur le traitement desdits employés et ouvriers;

3° Du produit des amendes encourues selon les règlements de police des ateliers, conformément au décret du 28 janvier 1811;

4° De la rente de trois mille huit cent vingt-un francs, inscrite sur le grand-livre de la dette publique au nom de l'imprimerie royale. Les arrérages de ladite rente seront versés, comme les autres fonds, à la caisse de dépôts et de consignations établie par la loi de cette année sur les finances.

3. Le montant des retenues sera versé chaque mois à la caisse des dépôts et des consignations.

Celui des amendes ne sera versé qu'à l'expiration de chaque année.

4. Au fur et à mesure des rentrées de l'arriéré, il sera acheté, au profit de l'imprimerie royale, des rentes sur l'État, dont les arrérages seront, comme il a été dit ci-dessus, versés à la caisse de dépôts et de consignations. Les extraits d'inscriptions au grand-livre de la dette publique, formant les titres de propriété des rentes appartenant et qui appartiendront par la suite à ladite imprimerie, seront déposés à la

caisse des dépôts et consignations, laquelle en recevra les arrérages.

5. Lesdits arrérages seront employés d'abord au service des pensions et secours, en supplément des fonds de retenue et du produit des amendes ; le surplus sera employé, ainsi que nous le jugerons convenable, sur le rapport de notre chancelier, chargé par *interim* du portefeuille du ministère de la justice, à l'amélioration et au perfectionnement du fonds de l'imprimerie royale, et à l'impression gratuite d'ouvrages que nous jugerons dignes de cette faveur.

6. La caisse de dépôts et de consignations adressera, tous les ans, à notre chancelier, chargé par *interim* du portefeuille du ministère de la justice, le compte desdits fonds qui sera ouvert sous le titre de fonds de retraites et secours des employés et ouvriers de l'imprimerie royale et d'amélioration du fonds de ladite imprimerie.

7. Nul employé démissionnaire, réformé ou destitué, nul ouvrier ou ouvrière congédiés ou sortis de leur plein gré, pour quelque cause que ce soit, n'auront droit de prétendre au remboursement des retenues exercées jusqu'à ce jour sur leurs traitements ou salaires, ni à aucune indemnité à ce sujet.

TITRE II.

Liquidation et payement des pensions de retraite.

8. Les demandes à fin de pensions de retraite seront adressées au directeur de l'imprimerie royale, qui tiendra un registre de ces demandes, où elles seront inscrites par ordre de dates et de numéros.

9. Le directeur examinera ces demandes, vérifiera les titres à l'appui, et prendra l'avis des deux plus anciens chefs de bureau ainsi que des deux plus anciens chefs d'atelier de l'imprimerie royale. Les demandes, ainsi vérifiées, seront présentées à notre chancelier, chargé par *interim* du portefeuille du ministère de la justice; et, sur sa proposition, nous accorderons les pensions, s'il y a lieu.

10. Nul ne pourra cumuler une autre pension avec celle qu'il aurait obtenue en vertu de la présente ordonnance, sinon dans les cas prévus par les lois.

11. Les années de service seront constatées par l'inscription sur les registres et sommiers, ou, à défaut, par des pièces et attestations authentiques.

12. Toute fraction de service au-dessous de six mois ne sera pas comptée; celle de six mois et au-dessus le sera pour une année.

13. Tout employé destitué, tout ouvrier et ouvrière congédiés pour cause d'insubordination, perdront leur droit à la pension, quand même ils auraient le temps de service nécessaire pour l'obtenir.

14. Lorsqu'un ouvrier des ateliers de l'imprimerie royale entrera comme employé dans les bureaux du même établissement, le temps de service dans les ateliers lui sera compté dans la liquidation de la pension à laquelle il pourra, par la suite, avoir droit comme employé.

15. Les pensions accordées jusqu'à ce jour aux employés et ouvriers de l'imprimerie royale, aux employés de l'ancien bureau de l'envoi des lois, ainsi que les pensions qui leur seront accordées par la suite sur les fonds de la caisse des pensions, seront

payées, tous les trois mois, à la caisse de dépôts et de consignations, sur l'ordonnance de notre chancelier, chargé par *interim* du portefeuille du ministère de la justice.

16. L'émargement du pensionnaire sur les états de trimestre qui serviront au payement de ces pensions, vaudra certificat de vie. A défaut d'émargement, le pensionnaire qui touchera par fondé de procuration, sera tenu de fournir un certificat de vie, lequel lui sera délivré à la mairie de son domicile.

TITRE III.

Pensions des employés.

17. Les employés de l'imprimerie royale pourront, après trente ans de service effectif, ou lorsqu'au terme de vingt-cinq ans d'un pareil service ils auront atteint l'âge de soixante ans, obtenir une pension de retraite. On leur comptera comme service effectif tout le temps d'activité dans d'autres administrations publiques qui ressortissaient au gouvernement, quoique étrangères à l'imprimerie royale, mais sous la condition qu'ils auront au moins dix ans de service, soit dans cet établissement, soit dans les anciens bureaux de l'envoi des lois qui en faisaient partie.

18. La pension pourra cependant être accordée, avant lesdits trente ans ou vingt-cinq ans de service, aux employés ayant dix ans de service, que des accidents ou des infirmités rendraient incapables de continuer leurs fonctions, ou qui, après dix ans de service, seraient réformés.

19. Pour déterminer la fixation de la pension, il

sera fait une année moyenne du traitement fixe dont les réclamants auront joui pendant les trois dernières années de leur service.

Les gratifications qui leur auraient été accordées pendant ces trois ans ne feront point partie de ce calcul.

20. Dans le cas où le traitement de quelques-uns des employés de l'ancienne administration de l'imprimerie royale aurait éprouvé une réduction au 1er janvier 1815, ou postérieurement, l'année moyenne qui doit servir de base à la fixation de la pension de retraite sera établie, savoir : 1° pour un employé ayant au 1er janvier 1815 vingt ans de service, d'après le traitement dont il jouissait à cette époque ; 2° pour un employé ayant dix ans de service au 1er janvier 1815, d'après deux années de son traitement de décembre 1814, et une année de son traitement au moment de sa retraite ; 3° pour un employé ayant moins de dix ans de service au 1er janvier 1815, d'après une année de son traitement de décembre 1814, et deux années de son traitement au moment de sa retraite.

21. La pension accordée après trente ou vingt-cinq ans de service, d'après l'article 19, sera de la moitié de ladite année moyenne de traitement.

22. Elle s'accroîtra d'un vingtième de cette moitié pour chaque année de service au-dessus des mêmes trente ou vingt-cinq ans, sans que, dans aucun cas, la retraite puisse excéder ladite année moyenne de traitement.

23. La pension accordée avant vingt-cinq ans de service, dans le cas prévu par l'article 20, sera, pour

dix ans de service et au-dessus, du sixième de l'année moyenne de traitement.

24. La même pension s'accroîtra d'un soixantième de l'année moyenne de traitement pour chaque année de service au-dessus de dix ans, sans pouvoir excéder la moitié de ladite année moyenne.

25. Dans le cas où un employé démissionnaire ou réformé serait ensuite admis à rentrer à l'imprimerie royale, le temps de son premier service comptera pour sa pension.

TITRE IV.

Pensions des ouvriers et ouvrières.

26. La pension de retraite ne pourra être demandée par tout ouvrier ou ouvrière qu'après trente ans de service à l'imprimerie royale ou dans les imprimeries des administrations qui ont été réunies à l'imprimerie royale ; elle pourra néanmoins être accordée, après vingt-cinq ans de service, à l'ouvrier ou ouvrière ayant soixante ans révolus.

27. La pension pourra également être accordée avant vingt-cinq ou trente ans, dans le cas d'invalidité reconnue, et résultant d'accidents ou d'infirmités qui mettraient l'ouvrier ou l'ouvrière hors d'état de gagner sa vie. Toutefois, pour obtenir cette pension, le réclamant devra avoir au moins dix ans de service.

28. La pension des ouvriers sera réglée d'après le tarif qui suit :

Pour 10 ans. . . . . 200 fr.	Pour 21 ans. . . . 315 fr.
11. 210	22. 330
12. 220	23. 345
13. 230	24. 360
14. 240	25. 375
15. 250	26. 400
16. 260	27. 425
17. 270	28. 450
18. 280	29. 475
19. 290	30. 500
20. 300	

Il sera accordé, en outre, 10 francs par chaque année de service, de trente-un à trente-cinq ans; 15 francs par année, de trente-six à quarante ans; 20 francs par année, de quarante-un ans à quarante-cinq ans; et 25 francs par année, au delà de quarante-six ans.

29. La pension des ouvrières sera de la moitié de celle qui est fixée par le tarif contenu en l'article précédent.

30. Il pourra être accordé, avant dix ans de service, une pension à l'ouvrier ou à l'ouvrière qu'un accident grave, survenu dans l'exercice de ses fonctions, aurait mis dans l'impossibilité de travailler pendant le reste de sa vie. Cette pension ne pourra excéder 150 francs pour l'ouvrier, et 100 francs pour l'ouvrière.

31. Lorsqu'un ouvrier ou ouvrière sera congédié faute de travail, il en sera fait mention sur les registres et sommiers; et s'il vient à rentrer, le temps de son service passé lui sera compté.

32. Les ouvriers et ouvrières sortis de leur plein gré ne partageront point le bénéfice de cette dispo-

sition ; le temps de leur service ne comptera, pour la pension, que depuis leur dernière rentrée.

TITRE V.

Pensions des veuves et orphelins des employés et des ouvriers.

33. Les veuves et orphelins des employés et ouvriers décédés en activité de service après dix années d'exercice, ou ayant été admis à la pension de retraite, auront droit à une pension sur la caisse des retraites (1).

34. Leur pension sera de moitié de celle dont le décédé aura joui, ou à laquelle ses années de service lui auraient donné droit.

35. Les veuves des employés et ouvriers n'y auront droit qu'autant qu'elles auraient été mariées depuis cinq ans, au temps du décès de leur mari mort en activité de service, ou au temps de son admission à la retraite, et qu'elles ne seraient pas divorcées.

36. La condition de cinq années de mariage ne sera pas applicable aux veuves ayant un enfant.

37. Dans le cas où le décédé aura laissé à la charge de sa veuve un ou plusieurs enfants au-dessous de quinze ans, la pension de la veuve sera augmentée, pour chacun de ses enfants, de cinq pour cent de la retraite qui aurait été réglée pour le décédé, sans toutefois que la totalité de la pension à accorder à la veuve, tant pour elle que pour ses enfants, puisse

(1) Voir la note sur l'art. 57 de l'ordonnance du 20 août 1824.

jamais excéder les deux tiers de celle à laquelle son mari aurait eu droit.

38. Si la veuve décède avant que les enfants provenant de son mariage aient atteint l'âge de quinze ans, sa pension sera réversible à ses enfants, qui en jouiront par égale portion jusqu'à l'âge de quinze ans accomplis, mais sans réversibilité entre eux.

Les pensions cesseront à l'égard de ceux desdits orphelins qui seraient élevés dans quelque établissement à la charge du gouvernement.

39. Si les employés et ouvriers ne laissent pas de veuve, mais seulement des orphelins, il leur sera accordé une pension de secours jusqu'à leur quinzième année révolue. La pension sera fixée, pour chacun des enfants, au tiers de celle à laquelle la mère aurait eu droit si elle avait survécu à son mari ; et cette pension ne pourra excéder, pour tous les enfants ensemble, l'intégralité de celle de la mère.

40. La pension qui pourra revenir, d'après les dispositions précédentes, à un ou plusieurs de ces enfants, leur sera conservée toute leur vie s'ils sont infirmes, et si, par l'effet de ces infirmités, ils sont hors d'état de travailler pour subvenir à leurs besoins.

TITRE VI.

Indemnités et secours temporaires.

41. Il pourra être accordé sur la caisse des retraites une indemnité à tout employé congédié pour cause de réforme de son emploi ; cette indemnité n'excédera, en aucun cas, le montant de trois mois de son traitement.

42. Il pourra être accordé, sur le fonds de la même caisse, des secours, une fois payés, aux employés et ouvriers de l'imprimerie royale, et même à leurs veuves et orphelins, qui seraient dans le besoin par suite d'événements extraordinaires, tels que blessures graves, longues maladies, etc.

43. Les indemnités et secours mentionnés aux deux articles 41 et 42 ci-dessus seront ordonnancés par notre chancelier, chargé par *interim* du portefeuille du ministère de la justice, sur la proposition du directeur de l'imprimerie royale, en la forme établie par l'article 9 de la présente ordonnance.

44. Il sera accordé, sur les fonds de la caisse des pensions, un secours, en cas de maladie, à chaque ouvrier et ouvrière en activité de service, savoir :

> A tout ouvrier, par jour. . . . . 1 fr. 50 c.
> A toute ouvrière, *idem*. 0   80

45. Les avances de ces secours seront faites par le directeur de l'imprimerie royale, sur un état supplémentaire, certifié par le chef de l'atelier, et émargé à domicile.

Ces avances seront remboursées, tous les trois mois, au directeur de l'imprimerie royale par la caisse de dépôts et de consignations, sur ordonnance délivrée par notre chancelier, chargé par *interim* du portefeuille du ministère de la justice.

46. Les secours de maladie ne seront alloués que sur l'attestation d'un médecin, et seulement à compter du troisième jour où l'ouvrier malade aura cessé de travailler.

47. Le droit à obtenir les secours de maladie ne

sera acquis qu'après un an de service ; ils ne pourront être accordés pour plus de quatre-vingt-dix jours par année aux mêmes individus.

Dispositions générales.

48. Le décret du 18 septembre 1806, relatif aux pensions des employés de l'imprimerie royale et du bureau de l'envoi des lois, ainsi que le décret du 28 janvier 1811, portant création d'une caisse de secours en faveur des ouvriers, cesseront d'avoir leur effet en tout ce qui serait contraire à la présente ordonnance.

49. Notre amé et féal chevalier, chancelier de France, le sieur *Dambray*, chargé par *interim* du portefeuille du ministère de la justice, et notre ministre secrétaire d'État au département des finances, sont chargés, chacun en ce qui le concerne, de l'exécution des présentes.

Donné à Paris, au château des Tuileries, le troisième jour du mois de juillet de l'an de grâce 1816, et de notre règne le vingt-deuxième.

Signé LOUIS.

Ordonnance du roi qui fixe l'époque à compter de laquelle l'imprimerie royale sera administrée en régie au compte de l'état, et règle les attributions de cet établissement. — 23 juillet 1823.

Louis, etc. ;

Vu les lois des 4 décembre 1793, 27 janvier et 9 juin 1795, l'arrêté du 10 décembre 1801, les décrets des 24 mars 1809 et 22 janvier 1811, les ordonnances des 28 décembre 1814 et 12 janvier 1820.

Après avoir entendu la commission spéciale du conseil d'état,

Sur le rapport de notre garde des sceaux, ministre et secrétaire d'état au département de la justice,

Nous avons ordonné et ordonnons ce qui suit :

Art. 1er. A compter du 1er octobre prochain, l'imprimerie royale sera administrée en régie pour le compte de l'état, sous l'autorité de notre garde des sceaux.

2. Les attributions de l'imprimerie royale seront réglées conformément à la loi du 27 janvier 1795, à l'arrêté du 10 décembre 1810, au décret du 24 mars 1809 et à l'ordonnance du 28 décembre 1814.

En conséquence, elle sera chargée,

1° De l'impression du Bulletin des lois,

2° Des travaux d'impression qu'exigera le service de notre cabinet et de notre maison, de notre chancellerie, de nos conseils, des ministères et des administrations générales qui en dépendent.

3. Il ne sera exécuté à l'imprimerie royale aucun travail d'impression pour le compte des particuliers.

Sont seuls exceptés de cette prohibition :

1° Les ouvrages dont l'exécution exigera des caractères qui ne se trouvent pas dans les imprimeries ordinaires;

2° Les ouvrages dont nous aurons ordonné l'impression gratuite, conformément au n° 4 de l'art. 8 de l'ordonnance du 28 décembre 1814 et à l'art. 10 de l'ordonnance du 12 janvier 1820.

4. Les tarifs de l'imprimerie royale seront soumis

annuellement à notre approbation par notre garde des sceaux, après avoir pris l'avis d'un comité formé de commissaires spéciaux qui seront délégués à cet effet dans nos divers ministères.

5. L'administration de l'imprimerie royale sera composée d'un directeur, chargé de la direction de toutes les parties de l'établissement; d'un conservateur chargé du matériel, et d'un caissier chargé de recouvrer les produits et d'acquitter les dépenses.

6. L'administration de l'imprimerie royale sera surveillée par l'un des maîtres des requêtes en notre conseil d'état, qui prendra le titre d'inspecteur.

7. Le conservateur et le caissier fourniront un cautionnement de cinquante mille francs en immeubles ou en rentes sur l'état.

Ils seront directement justiciables de la cour des comptes, et prêteront en conséquence serment devant cette cour, conformément à l'ordonnance du 29 juillet 1814.

8. Les fonctionnaires et employés de l'imprimerie royale seront nommés par notre garde des sceaux.

9. Nous nous réservons de déterminer par une ordonnance spéciale les formes qui devront être observées pour la vérification et la transmission du matériel de l'imprimerie royale et pour la liquidation des comptes du directeur actuel de cet établissement.

10. Les dispositions contraires à la présente ordonnance sont abrogées.

11. Notre garde des sceaux, ministre secrétaire d'état au département de la justice, est chargé de l'exécution de la présente ordonnance.

Donné en notre château des Tuileries, le 23e jour

du mois de juillet de l'an de grâce 1823, et de notre règne le vingt-neuvième.

Signé LOUIS.

Ordonnance du roi portant règlement sur les pensions et secours à accorder aux fonctionnaires, chefs, employés, ouvriers, etc., de l'imprimerie royale. — 20 août 1824.

LOUIS, etc. ;

Vu les dispositions des décrets des 18 septembre 1806 et 28 janvier 1811, et de nos ordonnances des 3 juillet 1816, 12 janvier 1820 et 30 juin 1824, relatives aux pensions des chefs, employés et ouvriers de l'imprimerie royale ;

Vu aussi notre ordonnance du 11 de ce mois qui rend applicable à cet établissement les dispositions de celle du 2 octobre 1822, concernant les indemnités temporaires à accorder, en cas de réforme, jusqu'à la liquidation et au payement des pensions des employés des administrations centrales de nos ministères ;

Sur le rapport de notre garde des sceaux, ministre et secrétaire d'état au département de la justice ;

Notre conseil d'état entendu,

Avons ordonné et ordonnons ce qui suit :

TITRE Ier.

Formation de la caisse.

Art. 1er. La caisse des pensions de retraites et de secours en faveur des fonctionnaires, chefs, em-

ployés, ouvriers et hommes de peine de l'imprimerie royale, ainsi que de leurs veuves et enfants, se
composera :

1° Du produit de la retenue de deux pour cent
qui continuera d'être faite sur le salaire des ouvriers
et hommes de peine à la journée et aux pièces ;

2° Des retenues sur les salaires, qui ont lieu pour
infraction à la discipline établie dans les ateliers ;

3° Du produit de la retenue de trois pour cent sur
les traitements fixes des fonctionnaires employés
et chefs d'atelier, au-dessus de deux mille francs ;

4° D'un douzième des traitements fixes des nouveaux titulaires, à prélever mois par mois, pendant
la première année ;

5° Du douzième des augmentations de traitements
fixes, à prélever dans les trois premiers mois ;

6° Enfin des rentes appartenant à ladite caisse, ou
qui lui ont été attribuées par nos ordonnances.

2. Le montant des retenues de toute nature sera
versé, chaque semaine, à la caisse des dépôts et consignations, à la diligence du maître des requêtes administrateur de l'imprimerie royale.

Cette caisse continuera à faire le recouvrement des
rentes sur l'état affectées au service des pensions.

Les sommes provenant des versements des retenues et des arrérages des rentes qui excéderaient le
service trimestriel des pensions, seront converties en
rentes, dès que le capital pourra permettre l'acqui-
sition de dix francs de rente.

TITRE II.

*Ages auxquels les services peuvent commencer, et for-
mes dans lesquelles ils devront être constatés.*

3. Aucun employé ne sera nommé définitivement
avant l'âge de vingt et un ans acomplis.

Nul ne sera admis définitivement comme ouvrier
ou homme de peine avant l'âge de vingt ans. Les
femmes pourront être admises, en qualité d'ouvrières, à l'âge de dix-huit ans.

Les employés, ouvriers et ouvrières admis avant
l'âge fixé ci-dessus, seront considérés comme temporaires et aides d'atelier.

§ Ier — *Services des chefs et employés.*

4. Tous fonctionnaires, chefs de service et employés, devront être inscrits, après vingt et un ans
accomplis, ou à la date de leur nomination après cet
âge, sur un registre-matricule.

Ce registre sera coté et paraphé par le maître des
requêtes administrateur de l'établissement.

Il devra être ouvert de manière à permettre d'y
porter toutes les mutations.

Il indiquera, sous un numéro d'ordre continu, les
nom, prénoms, âge de chaque chef et employé, la
nature des fonctions qui lui sont confiées, et le traitement qui lui est attribué, ainsi que les services antérieurs dont il aurait produit la justification légale.

A l'appui de ce registre, seront déposés les extraits
de naissance et les certificats ou pièces constatant les
services antérieurs.

§ 11. — *Services des ouvriers, ouvrières, garçons d'atelier et hommes de peine.*

5. Les ouvriers, ouvrières, garçons d'atelier et hommes de peine, seront distingués en deux classes : les ouvriers ordinaires, et les ouvriers extraordinaires ou temporaires.

Seront considérés comme ouvriers ordinaires ceux qui auront été employés habituellement pendant plus d'un an.

6. Un registre-matricule spécial aux ouvriers, ouvrières, garçons d'atelier et hommes de peine, sera tenu de la même manière et dans les mêmes formes que celui destiné aux chefs de service et employés.

Il portera les mêmes indications et sera appuyé des mêmes pièces.

Tout ouvrier, ouvrière, garçon d'atelier, homme de peine, ayant plus d'un an de service habituel dans les ateliers ou magasins, et l'âge requis, aura droit de s'y faire inscrire.

7. A moins de causes particulières, les ouvriers portés sur le registre-matricule ne pourront être momentanément congédiés et réappelés que dans leur rang d'inscription sur ce registre.

Le mouvement des ouvriers, distingué en services ordinaire et extraordinaire, sera établi chaque semaine, et sera porté sur le registre-matricule, après avoir été approuvé par l'administrateur.

Les états dressés à cet effet resteront à l'appui de l'inscription sur ce registre.

8. Lorsqu'un des chefs ou employés, ouvriers, garçons d'atelier ou hommes de peine, sera rayé des

matricules, le motif ou l'extrait de la décision sera porté en marge de son inscription sur le registre.

9. Tout employé, ouvrier ou homme de peine, qui sera rayé du registre-matricule, perdra, par ce seul fait, tout droit à réclamer une pension, sauf son recours contre sa radiation auprès de notre garde des sceaux.

TITRE III.

Droits à la retraite.

10. Les droits des fonctionnaires et employés à la retraite se forment de tous les services rendus dans d'autres administrations publiques ressortissant au gouvernement et payées par l'état, sous la condition qu'il y aura au moins dix ans d'exercice à l'imprimerie royale.

11. Les ouvriers et ouvrières ne pourront compter que leurs services à l'imprimerie royale, ou dans les imprimeries des administrations qui y ont été réunies, et ils devront avoir également dix ans d'exercice dans cet établissement.

12. Le temps successif pendant lequel un ouvrier ou ouvrière aura travaillé à l'imprimerie royale, lui sera compté à partir de son inscription sur le registre-matricule, à condition,

1° Qu'il n'aura quitté les ateliers que sur l'autorisation de l'administration ;

2° Qu'il sera rentré au moins dans les quinze jours, à partir du jour de l'invitation qui lui en aura été faite par l'administration.

13. En conséquence de l'article ci-dessus, les ou-

vriers et ouvrières qui auraient quitté leurs ateliers sans l'ordre de l'administration, ou qui, ayant été appelés, ne se seraient pas rendus dans le délai prescrit, seront rayés des matricules, et n'auront plus aucun droit à la pension de retraite.

14. L'ouvrier ou ouvrière qui serait renvoyé des ateliers pour insubordination ou mauvaise conduite, quel que soit son temps de service, perdra ses droits à la retraite, et sera rayé du registre-matricule.

Cette radiation n'aura lieu néanmoins que sur une décision écrite du maître des requêtes administrateur, ensuite de l'examen de sa conduite en conseil, et sauf son recours à notre garde des sceaux.

15. Le fonctionnaire ou l'employé destitué ou démissionnaire, quel que soit son temps de service, perdra ses droits à la pension de retraite.

16. Les services à l'imprimerie royale seront justifiés par un extrait des registres-matricules de l'administration, dûment certifié par le maître des requêtes administrateur ;

Les services antérieurs, par des certificats signés des chefs d'administration ou des secrétaires généraux en exercice de fonctions à l'époque de la délivrance des certificats, et, à défaut de ces pièces, par un extrait des comptes et états d'émargement déposés à la cour des comptes, ledit extrait certifié par le greffier de cette cour.

17. Les services à l'imprimerie royale ne pourront être comptés, pour la pension des fonctionnaires, employés et ouvriers, qu'à partir de l'époque de leur inscription sur le registre-matricule.

18. La fraction de services au-dessous de sept mois

ne sera pas comptée ; celle de sept mois et au-dessus le sera pour une année.

19. Les brevets de pension ne pourront être délivrés qu'autant qu'il y aura dans la caisse des fonds libres , et au fur et à mesure qu'il y en aura.

En cas de concurrence dans les demandes de pension , l'ancienneté de service d'abord, et ensuite l'âge et les infirmités, décideront de la préférence.

20. Nul ne pourra cumuler avec la pension qu'il aurait obtenue sur la caisse des retraites de l'imprimerie royale, ni une autre pension, ni un traitement d'activité, sinon dans les cas prévus par les lois et ordonnances.

TITRE IV.

Admission à la retraite.

§ Ier.— *Par temps de services, âge ou infirmités.*

21. Les fonctionnaires, chefs et employés, ouvriers, garçons d'atelier et hommes de peine de l'imprimerie royale, auront droit à la pension de retraite après trente ans de services effectifs, ou lorsqu'au terme de vingt-cinq ans de service ils auront atteint l'âge de soixante ans, ou qu'ils auront des infirmités qui les mettraient dans l'impossibilité de travailler.

La pension sera, en partie, réversible à leurs veuves, ainsi qu'il sera dit ci-après.

22. Une pension de retraite pourra néanmoins être accordée avant lesdits trente ans, ou vingt-cinq ans de service et soixante ans d'âge, aux employés et ouvriers que des accidents graves, *survenus dans l'exercice de leurs fonctions ou de leurs travaux,*

mettraient également hors d'état de pourvoir à leur existence.

§ II. — *Par réforme.*

23. Les employés réformés qui, ne se trouvant pas dans les cas prévus par les articles 21 et 22, ne pourront obtenir une pension, auront droit à une indemnité, réglée ainsi qu'il sera dit art. 33.

24. Les ouvriers qui, étant dans le cas de l'article 22, auraient droit à une pension de retraite, recevront, jusqu'à la liquidation et au payement de cette pension, une indemnité, réglée ainsi qu'il sera dit ci-après, art. 34.

TITRE V.

Fixation des pensions de retraite.

§ 1er. — *Bases de la liquidation.*

1° Des fonctionnaires, chefs et employés.

25. Pour déterminer la pension des chefs et employés, il sera fait une année moyenne du traitement fixe dont les réclamants auront joui pendant les trois dernières années de leur service. Ne seront pas compris dans le traitement les gratifications ou traitements extraordinaires qui leur auraient été accordés pendant ces trois ans.

26. La pension accordée après trente ans ou vingt-cinq ans de service, d'après l'art. 21, sera de la moitié de ladite année moyenne de traitement.

Elle s'accroîtra du vingtième de cette moitié pour chaque année de service au delà des trente ans, sans que, dans aucun cas, la pension de retraite puisse excéder les deux tiers du traitement moyen, ni s'élever à plus de six mille francs, quel que soit d'ailleurs le taux du traitement.

27. La pension accordée avant trente ou vingt-cinq ans de service, dans les cas prévus par l'article 22, sera du sixième du traitement moyen pour dix ans de service.

Elle s'accroîtra d'un soixantième de ce traitement pour chaque année de service au-dessus de dix ans, sans que pour cela elle puisse jamais excéder celle qui est accordée pour trente ans.

2° Des ouvriers et ouvrières.

28. La pension accordée aux ouvriers après trente ans de service, ou vingt-cinq ans avec soixante ans d'âge, est fixée à quatre cents francs par année.

Elle s'accroîtra d'un vingtième par année en sus des trente ans, sans pouvoir dépasser cinq cents francs.

Le taux de la pension des ouvrières est fixé, pour le même temps de service, et sous les mêmes conditions, aux deux tiers de celle accordée aux ouvriers.

29. La pension accordée dans le cas de l'article 22 sera du trentième de la somme fixée ci-dessus pour les ouvriers, par chaque année de service, sans qu'elle puisse dépasser cinq cents francs.

La pension des ouvrières, dans le même cas, sera des deux tiers.

3° Des garçons d'atelier et hommes de peine.

30. La pension accordée aux garçons d'atelier et hommes de peine, après trente ans de service, ou

vingt-cinq ans et soixante ans d'âge, est fixée à trois cents francs par année.

Elle s'accroîtra d'un vingtième par année en sus des trente ans, sans pouvoir dépasser quatre cents francs.

31. Dans le cas de l'article 22, cette pension sera réglée à raison du trentième de la fixation ci-dessus, pour chaque année de service.

§ II.—*Formes à suivre pour la liquidation.*

32. Les demandes à fin de pension seront inscrites, par ordre de dates et de numéros, sur un registre à ce destiné.

Le travail relatif à leur liquidation sera fait par le maître des requêtes administrateur, et, sur l'ordre de notre garde des sceaux, renvoyé à l'examen du comité de législation de notre conseil d'état.

TITRE VI.

Indemnité de réforme.

33. Les employés supprimés recevront, pendant la première année qui suivra leur suppression, une indemnité égale à la moitié du traitement dont ils jouiront au jour de la cessation de leur service.

Après l'expiration de cette année, l'indemnité des employés qui n'auront pas droit à la pension, sera réduite au *minimum* de la pension correspondante à leur traitement, et la durée en sera égale à celle de leur activité.

Les indemnités cesseront successivement à mesure que les pensions commenceront à être payées.

34. Dans le cas de l'article 24 ci-dessus, l'indemnité à payer à l'ouvrier, jusqu'à la liquidation de la pension et à son payement, sera,

Pour les hommes, par jour, de. . . . . . 1 fr,
Pour les femmes. 0   70 c.

35. Ces indemnités seront payées, comme les frais d'administration et d'atelier, sur les produits de l'établissement et sans retenue.

36. L'indemnité cessera d'être payée, ou la pension sera suspendue, à l'égard de tout employé réformé qui refuserait un emploi, à l'imprimerie royale, d'un traitement égal à celui dont il jouissait à l'époque de la réforme.

Il en serait de même pour tout ouvrier ou ouvrière qui, après avoir été congédié, serait rappelé et ne rentrerait pas dans les ateliers.

TITRE VII.

Des pensions des veuves, et des secours à accorder aux enfants.

§ Ier. — *Des veuves.*

37. Les pensions des fonctionnaires, employés, ouvriers, garçons d'atelier et hommes de peine, seront, en partie, réversibles à leurs veuves, lorsqu'elles auront été obtenues ou auraient pu l'être après trente ans de service.

Lorsqu'elles n'auront été ou n'auraient pu être accordées que pour une durée moindre de services, la réversibilité ne sera que facultative (1).

38. Les veuves ne pourront réclamer le bénéfice de l'article ci-dessus qu'à condition :

1° Qu'elles représenteront l'acte de la célébration de leur mariage ;

2° Qu'elles auront été mariées depuis cinq ans au moins, à l'époque du décès de leurs maris ;

(1) Voir l'art. 57 et la note.

Un avis de la commission du conseil d'état en date du 30 août 1831, applique aux veuves des pensionnaires de l'imprimerie royale les dispositions de l'art. 4 de l'ordonnance du 17 août 1821, relative aux veuves de magistrats, et considère en conséquence la pension comme nécessaire lorsque les revenus de la veuve, à l'époque du décès de son mari, sont inférieurs aux deux tiers de la pension que celui-ci aurait obtenue ou pu obtenir.

La veuve justifiera de ses revenus conformément à l'art 1er de l'ordonnance du 16 octobre 1822, relatée à l'art. 4 de l'ordonnance du 17 août 1821 ainsi conçu :

« Art 1er, § 2. La veuve se présentera devant le juge de
» paix du canton où est situé son domicile légal : elle fera de-
» vant lui la déclaration de ses revenus à l'époque du décès
» de son mari, et joindra, à l'appui de sa déclaration, les ex-
» traits d'inventaire et autres documents authentiques qui
» peuvent servir à la vérifier.

» Cette déclaration sera par elle affirmée sous la foi du
» serment, sous peine, en cas de fausse déclaration, de voir
» rayer la pension inscrite et d'être poursuivie en restitution
» des arrérages indûment perçus ; le tout sans préjudice des
» peines plus graves prononcées par la loi.

» Le juge de paix dressera procès-verbal de la déclaration et
» du serment, et y annexera les pièces à l'appui.

» Art. 2. Les tuteurs des orphelins justifieront de la même
» manière et sous les mêmes peines, des revenus de leurs
» pupilles, etc. »

3° Qu'il n'aura pas existé entre les époux de séparation de corps, prononcée sur la demande du mari.

39. Les droits de la veuve admise à la réversibilité seront, si elle n'a pas d'enfant, ou si ceux qu'elle a sont âgés de plus de quinze ans accomplis,

Du tiers de la pension dont son mari a joui, ou dont il aurait eu droit de jouir;

De la moitié, si elle a deux enfants au-dessous de l'âge de quinze ans accomplis;

Des deux tiers, si elle a trois enfants ou un plus grand nombre au-dessous du même âge.

40. Cette pension sera réduite dans les mêmes proportions, à mesure du décès des enfants, ou à mesure qu'ils parviendront à l'âge de quinze ans accomplis.

41. La veuve qui se remariera perdra ses droits à la réversibilité.

§ II. — *Des enfants.*

42. Lorsqu'il n'y aura pas, ou lorsqu'il n'y aura plus lieu à la réversibilité de la pension en faveur de la femme, soit par l'événement de son décès, soit par l'effet des déchéances prononcées contre elle par les n°ˢ 2 et 3 de l'article 38, et par l'article 41, les enfants auront droit à un secours annuel, si leur père a obtenu ou s'il avait eu droit d'obtenir une pension à raison de trente ans de service.

Cette disposition ne sera que facultative, si la pension n'avait été accordée ou méritée que pour un moindre nombre d'années de service.

43. Ces secours ne seront donnés qu'aux enfants

nés en légitime mariage, et sur la représentation de leur acte de naissance.

Ils cesseront d'en jouir lorsqu'ils auront atteint quinze ans accomplis.

14. Ces secours seront annuellement :

Du quart de la pension du père, s'il n'y a qu'un enfant;

Du tiers, s'il y en a deux;

De la moitié, s'il y en a quatre;

Des deux tiers, s'il y en a plus de quatre.

15. Ces secours seront, comme les pensions, acquittés par la caisse des dépôts et consignations.

TITRE VIII.

Du payement des pensions.

16. Les pensions de retraite seront payées, tous les trois mois, à la caisse des dépôts et consignations, sur l'ordonnance de notre garde des sceaux.

17. L'émargement du pensionnaire sur les états de trimestre qui serviront au paiement de ces pensions, sera appuyé d'un certificat de vie, et, en outre, pour les veuves ayant des enfants, et pour les enfants jouissant de secours, des actes de naissance constatant l'âge des enfants, délivrés sans frais à la mairie de leur domicile.

TITRE IX.

Des secours temporaires à accorder aux ouvriers, garçons d'atelier et hommes de peine, pour cause de maladie.

18. Il pourra être accordé, sur les fonds de la caisse

des retraites, des secours temporaires aux ouvriers, garçons d'atelier et hommes de peine, malades, ou blessés *dans leurs travaux à l'imprimerie royale.*

49. Ces secours ne pourront être délivrés qu'aux ouvriers, garçons d'atelier et hommes de peine inscrits sur le registre-matricule.

50. Il n'y aura lieu à délivrer des secours aux ouvriers que dans le cas de maladie susceptible d'arrêter leurs travaux pendant plus d'une semaine.

Les ouvrières, garçons d'atelier et hommes de peine, pourront en recevoir aussitôt après que la maladie aura été constatée par le chirurgien-médecin de l'établissement.

51. Ces secours seront :

Pour les hommes, par jour, de. . . . . . 1 fr.
Pour les femmes. 0   70 c.

52. Ils ne pourront être accordés dans une année à la même personne pour plus de quatre-vingt-dix jours, soit continus ou avec intervalles, et renouvelés d'une année à l'autre qu'après au moins trois mois des derniers secours accordés (1).

53. Ils ne pourront dépasser par semaine le cinquième du montant des retenues et amendes sur le total des banques réunies.

---

(1) Le secours ne peut excéder quatre-vingt-dix jours. Le temps pendant lequel l'ouvrier a joui du secours lui compte dans son temps de service. Lors donc qu'il a acquis des droits à la retraite, on considère la cessation de ses services comme ayant eu lieu au jour où le secours a cessé de lui être accordé s'il est hors d'état de reprendre ses travaux à cette époque. (Note du contrôle de l'Imprimerie royale.)

54. En cas de concurrence par l'insuffisance du cinquième du montant des retenues, les ouvriers, garçons d'atelier et hommes de peine les plus malades et les plus âgés, et ensuite les plus anciens et ceux qui auraient reçu des secours pendant le moindre nombre de jours, auront la préférence.

55. Les secours seront avancés par la caisse de l'imprimerie royale, qui en sera remboursée, tous les trois mois, sur les fonds de retraite et secours, au moyen d'une ordonnance de notre garde des sceaux sur la caisse des dépôts et consignations.

TITRE X.

Dispositions générales.

56. Les pensions accordées après trente ans effectifs de service, ou vingt-cinq ans et soixante ans d'âge, seront liquidées avec jouissance à partir de la cessation des fonctions, sauf l'imputation de l'indemnité payée en vertu du titre VI ci-dessus.

L'époque de la jouissance pour celles accordées avant trente ans de service, ou vingt-cinq ans et soixante ans d'âge, sera fixée à partir du premier jour du trimestre dans lequel l'ordonnance de concession aura été rendue, et sans rappel d'arrérages antérieurs, sauf également l'imputation de l'indemnité qui aurait déjà été payée dans ce trimestre.

57. Les pensions non concédées, réclamées avant la publication des présentes, à raison de trente ans de service, ou vingt-cinq ans et soixante ans d'âge, seront liquidées d'après les bases établies par les ordonnances qui étaient en vigueur à l'époque

où les demandes en liquidation ont été formées.

Celles réclamées pour des services moindres de trente ans, ou vingt-cinq ans avec soixante ans d'âge, seront liquidées d'après les bases fixées dans la présente ordonnance (1).

58. Tous règlements relatifs aux pensions et secours des employés et ouvriers de l'imprimerie royale, contraires à ce qui est ordonné par les présentes, sont abrogés.

59. Il n'est pas dérogé aux dispositions de notre ordonnance du 6 août 1823.

60. Notre garde des sceaux, ministre et secrétaire d'état au département de la justice, et notre ministre et secrétaire d'état au département des finances, sont chargés, chacun en ce qui le concerne, de l'exécution de la présente ordonnance.

(1) Le sieur Regnier était décédé sous l'empire de l'ordonnance de 1816, dont l'art. 33 reconnaissait aux veuves un droit à pension dans le cas de dix ans de service de leurs maris. La veuve Regnier ne réclama qu'après la promulgation de l'ordonnance du 20 août 1824, dont l'art. 57 porte que les pensions réclamées pour des services moindres de trente ans seront liquidées d'après les bases du nouveau règlement qui se trouve ainsi avoir un effet rétroactif.

La demande de la veuve Regnier fut rejetée :

« Considérant que le sieur Regnier, au jour de son décès, » n'avait que vingt-un ans de service ; qu'à ce titre il n'aurait » pu réclamer pour lui-même une pension de retraite ; que » conséquemment, et aux termes de l'art. 37 de l'ordonnance » du 20 août 1824, sa veuve n'a droit à aucune pension ;

» Qu'elle n'a justifié d'aucune infirmité qui pût entrer en » considération pour qu'il soit usé en sa faveur de la faculté » accordée par le même art. 37. Rejette, etc. » (Avis du comité de législation du 23 novembre 1824.)

Imprimerie royale.

Donné en notre château des Tuileries, le 20ᵉ jour du mois d'août, l'an de grâce 1824, et de notre règne le trentième (1).

Signé Louis.

DIRECTION DES CULTES.

EMPLOYÉS DES AFFAIRES ECCLÉSIASTIQUES.

Décret du 14 juin 1810 (abrogé par l'ord. qui suit).

NAPOLÉON, etc.;

Art. 1ᵉʳ. A compter du 1ᵉʳ juillet 1810, il sera fait, chaque mois, sur tous les traitements payés sur les fonds affectés, dans le budget du ministère des cultes, aux appointements des employés (Chap. 1ᵉʳ service intérieur) une retenue de deux centimes par franc, pour former un fonds de pension de retraite et secours en faveur de ceux qui en seront susceptibles, ou de leurs veuves et orphelins.

2. Le montant net des traitements, pendant les vacances d'emploi qui n'excéderont pas un mois, sera ajouté au fonds de retraite.

3. Le ministre des cultes est autorisé à prélever, à dater de la même époque (1ᵉʳ juillet 1810), sur les fonds affectés dans son budget aux dépenses de son administration, une somme de six mille francs, chaque année, pendant vingt années seulement, pour

(1) Les services à l'imprimerie de la république et à celle des *assignats* sont admis en vertu de l'art. 11 de cette ordonnance.

former le premier fond de retraites et pensions, et représenter les services passés sur lesquels il n'y a point eu de retenue.

Conditions d'admission.

4. Les demandes à fin de pensions seront adressées au ministre des cultes avec les pièces justificatives.

5. Il sera tenu un registre de ces demandes où elles seront portées par ordre de dates et de n°.

6. Le ministre des cultes examinera ces demandes, vérifiera les titres à l'appui, et proposera les pensions à accorder d'après les bases ci-après déterminées; lesquelles pensions seront, chaque année, fixées définitivement par nous en notre conseil d'état, sur le rapport de notre ministre des cultes.

7. Il ne sera accordé de pensions que jusqu'à concurrence des fonds libres sur le montant des retenues et sur ceux ajoutés par l'art. 3 du présent décret.

8. Les employés du ministère des cultes pourront, après trente ans de service effectif, obtenir une pension de retraite, pour laquelle on comptera tout le temps d'activité dans d'autres administrations publiques, qui ressortissaient au gouvernement, quoique étrangères à celles dans laquelle ces employés se trouvent placés, et sous la condition qu'ils auront au moins dix ans de service dans le ministère des cultes, ou dans les comités du gouvernement et les commissions exécutives qui représentaient le ministère.

La pension pourra cependant être accordée avant

trente ans (1), à ceux que des accidents, l'âge ou des infirmités rendraient incapables de continuer les fonctions de leurs places, ou qui, par le fait de la sup-

(1) L'acceptation d'une indemnité allouée à la place de la pension peut-elle être considérée et opposée comme une renonciation à la pension? (Rés. nég.)

M. Mignon, sous-chef à l'administration générale des cultes, fut supprimé pour cause d'économie, dans le mois de septembre 1815, ainsi que d'autres employés. L'administration générale des cultes ressortissait au ministère de l'intérieur, où furent examinés les droits des employés supprimés, suivant le décret du 14 juin 1810, concernant les retraites des employés de l'ancien ministère des cultes.

M. Mignon avait alors un peu plus de treize années de service, et il était âgé de trente-deux ans.

L'article 8 du décret du 14 juin 1810 portait que la pension pourrait être accordée avant trente ans de service à ceux qui, par le fait de la suppression de leur emploi, seraient réformés après dix ans de service et au-dessus. Ce décret n'exprimait aucune condition d'âge. Il ne fut cependant accordé par le ministre de l'intérieur, à M. Mignon, qu'une indemnité de 1,100 francs, égale à la moitié de son traitement pendant un an; la pension fut refusée.

M. Mignon réclama d'abord; ses réclamations n'ayant pas eu de succès, il accepta l'indemnité de 1,100 francs, et il la toucha. Il renouvela depuis, et à plusieurs reprises, la demande d'une pension de retraite.

Elle ne fut pas accueillie, parce qu'on pensa qu'ayant accepté l'indemnité allouée à la place de la pension, il avait lui-même renoncé à cette pension.

L'état des caisses de retraite, d'ailleurs, ne pouvait porter à revenir facilement sur cette affaire. Celle des employés des affaires ecclésiastiques reçoit, comme les autres, une subvention du trésor, qui, selon la loi du 15 mai 1818, diminue d'un vingtième chaque année; en sorte qu'il n'y a jamais cer-

pression de leur emploi, se trouveraient réformés après dix ans de service ou au-dessus.

9 Pour déterminer la fixation de la pension, il sera fait une année moyenne du traitement fixe dont les réclamants auront joui pendant les trois dernières années de leur service. Les gratifications qui leur au-titude d'avoir des ressources suffisantes pour payer même les pensionnaires actuels.

Cependant, M. Mignon a adressé, le 4 octobre 1829, une dernière réclamation.

Des renseignements ayant été demandés le 17 octobre au ministre de l'intérieur, dont les prédécesseurs avaient réglé l'indemnité allouée à M. Mignon, ce ministre répondit le 31 octobre : « Le sieur Mignon n'a pas obtenu la liquidation » de sa pension en 1815, parce que n'ayant à cette époque » que trente-deux ans, on avait pensé qu'il y aurait abus d'ac- » corder une pension à un âge où l'on doit pouvoir se livrer » à de nouvelles occupations. Toutefois, il est juste de con- » venir que, sans cette circonstance, cet employé aurait ob- » tenu une retraite pour ses treize ans de service. »

Avis du comité de l'intérieur du conseil d'état, 29 jan-vier 1830 (approuvé) :

« Considérant qu'aux termes du décret du 14 juin 1810, » l'employé dont la place est supprimée est susceptible d'ob- » tenir une pension de retraite, s'il compte dix années de ser- » vices, et qu'aucune condition d'âge n'est exigée; qu'il ré- » sulte de la lettre de S. Exc. le ministre de l'intérieur, que le » sieur Mignon, supprimé en 1815, aurait obtenu une pen- » sion de retraite pour treize années de services, s'il n'avait » paru trop jeune pour jouir de cette récompense; que le mo- » tif de refus tiré de la jeunesse du sieur Mignon n'est fondé » sur aucune disposition légale, et que, dans toutes les ad- » ministrations où la suppression d'emploi donne droit à une » pension sans autre condition, la pension est toujours ac- » cordée, quel que soit l'âge de l'employé supprimé ;

« Le sieur Mignon doit obtenir une pension de retraite, en » admettant les faits contenus dans le rapport. »

raient été accordées pendant ces trois ans, ne feront point partie de ce calcul.

10. La pension accordée après lesdits trente ans, ne pourra excéder la moitié de la somme réglée par l'article précédent, elle s'accroîtra du vingtième de cette moitié pour chaque année de service au-dessus de trente ans. Le maximum de la retraite ne pourra excéder les deux tiers du traitement annuel de l'employé réclamant, calculé, sur le terme moyen des trois dernières années de son activté.

11. La pension accordée avant les trente ans de service dans les cas prévus par le second paragraphe de l'art. 8, sera du sixième du traitement pour dix ans de service et au-dessus.

Elle s'accroîtra d'un soixantième de ce traitement pour chaque année de service au-dessus de dix ans, sans pouvoir excéder la moitié du traitement.

12. Les pensions et secours aux veuves et orphelins ne pourront excéder la moitié de celle à laquelle le décédé aurait eu droit. Ces pensions ne seront accordées qu'aux veuves et orphelins des employés décédés en activité de service ou ayant eu pension de retraite. Les veuves n'y auront droit qu'autant qu'elles auraient été mariées depuis cinq ans et non divorcées, et qu'elles n'auraient pas contracté de nouveau mariage.

Dans le cas où le décédé n'aurait pas acquis de droit à une pension, la veuve ne poura y prétendre.

13. Si l'employé laisse une veuve sans aucun enfant au-dessous de 15 ans, la pension sera du quart de la retraite qui aurait été accordée à son époux, si elle eût été fixée à l'époque de son décès.

Dans le cas où le décédé aurait laissé à la charge de la veuve, un ou plusieurs enfants au-dessous de 15 ans, la pension pourra être augmentée, pour chacun de ses enfants, de cinq pour cent de la retraite qui aurait été réglée pour le décédé, et sans toutefois que la totalité de la somme à accorder à la veuve, tant pour elle que pour ses enfants, puisse jamais excéder le double de celle qu'elle eût obtenu dans la première hypothèse.

14. Si la veuve décède avant que les enfants provenant de son mariage avec l'employé son défunt mari, aient atteint l'âge de 15 ans, sa pension sera reversible à ses enfants : ils en jouiront, comme les autres orphelins jouiront de la leur, par égale portion, jusqu'à l'âge de 15 ans accomplis ; mais sans réversibilité des uns aux autres enfants.

15. Si les employés ne laissent pas de veuve, mais seulement des orphelins, il pourra leur être accordé des pensions de secours jusqu'à l'âge de 15 ans accomplis. La quotité sera fixée, pour chacun, à la moitié de ce qu'aurait eu la mère si elle avait survécu à son mari, et ne pourra excéder pour tous les enfants ensemble, la moitié de la pension à laquelle leur père aurait eu droit ou dont il jouirait.

La pension qui pourrait revenir d'après les précédentes dispositions, à un ou à plusieurs de ces enfants, leur sera conservée, pendant toute leur vie, s'ils sont infirmes, et, par l'effet de ces infirmités, hors d'état de travailler pour subvenir à leurs besoins.

16. En cas de concurrence entre plusieurs employés réclamant pension, l'ancienneté de service

dans l'administration d'abord, ensuite l'âge et les infirmités décideront de la préférence.

17. Les dispositions du présent décret ne seront applicables qu'au bénéfice des employés actuels du ministre des cultes ou de ceux qui y seront admis.

Des cas de suspension ou de privation du droit à la pension de retraite.

18. Nul employé démissionnaire n'a droit de prétendre au remboursement des retenues exercées sur son traitement, ni à aucune indemnité. Mais si, par la suite, il était admis à rentrer dans le ministère des cultes, le temps de son premier service compterait pour la pension.

19. Tout employé destitué perd ses droits à la pension, quand il aurait le temps de service nécessaire pour l'obtenir; il ne peut prétendre ni au remboursement des sommes retenues sur son traitement pour la pension, ni à aucune indemnité.

Du mode de payement des pensions, des versements et de la comptabilité des fonds de retenue.

20. Les pensions sur les fonds de retenue et sur ceux ajoutés par l'art. 3 du présent décret, seront payées comme les traitements.

21. Au commencement de chaque semestre, il sera formé un bordereau général, contenant: 1° l'état des retenues faites pendant le semestre échu et de celles présumées dans le semestre suivant. Au total de cet état sera ajouté le montant du prélèvement autorisé par l'art. 3, du présent décret; 2° l'état des

pensions accordées et de celles éteintes; 3° l'état des nouvelles pensions et des sommes nécessaires pour les acquitter.

22. Si le produit des fonds destinés aux pensions a excédé le montant des payements à faire aux pensionnaires, l'excédant sera versé à la caisse d'amortissement, qui en accumulera les intérêts au profit desdits fonds, au taux que payera cet établissement pour les placements de ce genre.

23. Le produit des retenues, des versements à la caisse d'amortissement, et des intérêts qui en proviendront, seront uniquement et privativement affectés à la destination prescrite par le présent décret.

24. Une expédition du bordereau ordonné par l'art. 21, sera remise, tant au ministère des cultes, qu'au directeur général de la caisse d'amortissement.

25. Le directeur général de la caisse d'amortissement rendra, chaque année, au ministère des cultes, compte par écrit des sommes qu'il aura reçues, payées ou employées, et des extinctions de pensions qui seront survenues. Le compte arrêté sera mis, chaque année, sous nos yeux par le ministre des cultes.

26. Nos ministres des cultes et du trésor public sont chargés, etc.

Signé NAPOLÉON.

L'administration des cultes ayant été réunie au ministère de l'intérieur, ce décret spécial fut abrogé, et l'on appliqua le règlement du ministère de l'intérieur aux employés des *cultes*.

Ordonnance du roi. —Du 15 décembre 1824.

CHARLES, etc. ;

Sur le rapport de notre ministre secrétaire d'état des affaires ecclésiastiques et de l'instruction publique,

Nous avons ordonné et ordonnons ce qui suit :

Art. 1er. Le règlement du 4 juillet 1806, concernant les retraites des employés du ministère de l'intérieur, est appliqué aux employés des affaires ecclésiastiques.

2. La retenue sur les traitements portée à 4 pour cent par ordonnance royale du 13 janvier 1823, sera exercée sur ce dernier taux à l'égard desdits employés.

3. Nos ministres secrétaires d'état des finances et des affaires ecclésiastiques et de l'instruction publique, sont chargés de l'exécution de la présente ordonnance.

Donné en notre château des Tuileries, le 5 décembre, l'an de grâce mil huit cent vingt-quatre et de notre règne le premier.

Signé CHARLES.

Extrait des minutes de la secrétairerie d'état. —
4 juillet 1806.

NAPOLÉON, etc.;

Sur le rapport de notre ministre de l'intérieur ;

Notre conseil d'état entendu,

Nous avons décrété et décrétons ce qui suit :

TITRE 1er.

Dispositions générales.

Art. 1er. A compter du 1er juillet 1806, il sera fait, chaque mois, sur tous les traitements des employés du ministère de l'intérieur, une retenue de deux centimes et demi par franc, pour former un fonds de pensions de retraite et de secours en faveur de ceux qui en seront susceptibles, ou de leurs veuves et orphelins.

2. Le montant net des traitements pendant les vacances d'emploi qui n'excéderont pas un mois, sera ajouté au fonds des retraites.

3. Le ministre de l'intérieur est autorisé à prélever, à dater de la même époque 1er juillet 1806, sur les fonds affectés dans son budget aux frais de bureau, impressions, etc., de son ministère, une somme de six mille francs chaque année, pendant dix ans seulement, pour former le premier fonds des retraites et pensions, et représenter les services passés sur lesquels il n'y a point eu de retenue.

TITRE II.

Des conditions pour pouvoir obtenir une pension.

4. Les demandes à fin de pension seront adressées, avec les pièces justificatives, au ministre de l'intérieur.

5. Il sera tenu un registre de ces demandes, où elles seront portées par ordre de dates et de numéros.

6. Le ministre fera examiner ces demandes et vérifier les titres à l'appui, et chaque année, sur son
rapport, les pensions seront fixées par nous en conseil d'état.

7. Il ne sera accordé de pensions que jusqu'à concurrence des fonds libres sur le montant des retenues
et sur ceux ajoutés par l'article 3 du présent décret.

8. Les employés du ministère de l'intérieur pourront obtenir une pension de retraite après trente ans
de service effectif, pour lesquels on comptera tout
le temps d'activité dans d'autres administrations publiques qui ressortissaient du gouvernement, quoique étrangères à celles dans laquelle les employés
se trouvent placés, et sous la condition qu'ils auront
au moins dix ans de service dans le ministère de l'intérieur ou dans les comités du gouvernement et les
commissions exécutives qui représentaient ce ministère.

La pension pourra cependant être accordée avant
trente ans de service, à ceux que des accidents ou des
infirmités rendraient incapables de continuer les
fonctions de leur place, ou qui se trouvaient réformés, après dix ans de service et au-dessus, par l'effet de la suppression de leur emploi.

9. Pour déterminer la fixation de la pension, il
sera fait une année moyenne du traitement fixe dont
les réclamants auront joui pendant les trois dernières
années de leur service.

Les gratifications qui leur auraient été accordées
pendant ces trois ans, ne feront point partie de ce
calcul.

10. La pension accordée après trente ans de ser-

vice ne pourra excéder la moitié de la somme réglée par l'article précédent.

Elle s'accroîtra du vingtième de cette moitié pour chaque année de service au-dessus de trente ans.

Le *maximum* de la retraite ne pourra excéder les deux tiers du traitement annuel de l'employé réclamant, calculé comme il est dit article 9.

11. La pension accordée avant trente ans de service, dans le cas prévu par le second paragraphe de l'art. 8, sera du sixième du traitement pour dix ans de service et au-dessous.

Elle s'accroîtra d'un soixantième de ce traitement pour chaque année de service au-dessus de dix ans, sans pouvoir excéder la moitié du traitement.

12. Les pensions et secours aux veuves et orphelins ne pourront excéder la moitié de celle à laquelle le décédé aurait eu droit.

Ces pensions ne seront accordées qu'aux veuves et orphelins des employés décédés en activité de service, ou ayant eu pension de retraite.

Les veuves n'y auront droit qu'autant qu'elles auraient été mariées depuis cinq ans, et non divorcées, et qu'elles n'auraient pas contracté de nouveau mariage.

Dans le cas où le décédé n'aurait pas acquis de droit à une pension, la veuve ne pourra y prétendre.

13. Si l'employé laisse une veuve sans aucun enfant au-dessous de l'âge de quinze ans, la pension sera du quart de la retraite qui aurait été accordée à son époux, si elle eût été fixée à l'époque de son décès.

Dans le cas où le décédé aurait laissé à la charge de sa veuve un ou plusieurs enfants au-dessous de quinze ans, la pension pourra être augmentée, pour chacun de ces enfants, de cinq pour cent de la retraite qui aurait été réglée pour le décédé, et sans toutefois que la totalité de la somme à accorder à la veuve, tant pour elle que pour ses enfants, puisse jamais excéder le double de celle qu'elle eût obtenue dans la première hypothèse.

14. Si la veuve décède avant que les enfants provenant de son mariage avec l'employé, son défunt mari, aient atteint l'âge de quinze ans, sa pension sera réversible à ses enfants, qui en jouiront comme les autres orphelins jouiront de la leur, par égale portion, jusqu'à l'âge de quinze ans accomplis, mais sans réversibilité des uns aux autres enfants.

15. Si les employés ne laissent pas de veuves, mais seulement des orphelins, il pourra leur être accordé des pensions de secours, jusqu'à ce qu'ils aient atteint l'âge de quinze ans ; la quotité sera fixée, pour chacun, à la moitié de ce qu'aurait eu leur mère, si elle avait survécu à son mari, et ne pourra excéder, pour tous les enfants ensemble, la moitié de la pension à laquelle leur père aurait eu droit ou dont il jouissait.

La pension qui pourrait revenir, d'après les précédentes dispositions, à un ou plusieurs de ces enfants, leur sera conservée pendant toute leur vie, s'ils sont infirmes, et, par l'effet de ces infirmités, hors d'état de travailler pour subvenir à leurs besoins.

16. En cas de concurrence entre plusieurs employés réclamant la pension, l'ancienneté de service

d'abord, et ensuite l'âge et les infirmités, décideront de la préférence.

17. Les dispositions du présent décret ne seront applicables qu'au bénéfice des employés actuels du ministère, ou de ceux qui y seront admis.

TITRE III.

Des cas de suspension et de privation du droit à la pension de retraite.

18. Nul employé démissionnaire n'a droit de prétendre au remboursement des retenues exercées sur son traitement, ni à aucune indemnité en conséquence ; mais si, par la suite il était admis à rentrer dans le ministère, le temps de son premier service comptera pour la pension.

19. Tout employé destitué perd ses droits à la pension, quand il aurait le temps de service nécessaire pour l'obtenir, il ne peut prétendre ni au remboursement des sommes retenues sur son traitement pour les pensions, ni à aucune indemnité équivalente.

TITRE IV.

Dispositions relatives à un cas particulier.

20. Les employés du ministère dont les traitements sont payés tant par la caisse du ministère que sur des fonds particuliers, seront traités à l'instar des autres employés du même ministère, ainsi que leurs veuves et enfants ; et à cet effet, la retenue réglée par l'article 1er du présent décret, sera faite pro-

portionnellement et sur la totalité du traitement que chacun d'eux reçoit sur ces diverses caisses, à moins que ladite retenue ne soit faite aussi sur lesdites caisses, pour pensions.

Ces employés justifieront qu'aucune disposition particulière, relative à des pensions, n'a été faite en leur faveur sur une autre caisse que celle du ministère de l'intérieur, qui contribue à les salarier, et s'il y a une retenue pour pension auxdites caisses, on ne liquidera leur pension au ministère de l'intérieur que sur la base du traitement payé sur les fonds du ministère.

TITRE V.

Du mode de payement des pensions, des versements et de la comptabilité des fonds de retenue.

21. Les pensions accordées sur les fonds de retenue et sur ceux ajoutés par l'article 3 du présent décret, seront payées comme les traitements.

22. Au commencement de chaque semestre, il sera formé un bordereau général, contenant :

1° L'état des retenues faites pendant le semestre échu et de celles présumées dans le semestre suivant ; au total de cet état sera ajouté le montant du prélèvement autorisé par l'article 3 du présent décret ;

2° L'état des pensions accordées et de celles éteintes ;

3° L'état des nouvelles pensions et des sommes nécessaires pour les acquitter.

23. Si le produit des fonds destinés au pensions a excédé le montant des payements à faire aux pen-

sionnaires, l'excédant sera versé à la caisse d'amortissement, qui en accumulera les intérêts à cinq pour cent par an, au profit desdits fonds.

24. Les produits des retenues, des versements à la caisse d'amortissement et des intérêts qui en proviendront, seront uniquement et privativement affectés à la destination prescrite par le présent décret.

25. Une expédition du bordereau général ordonné par l'article 22, sera remise tant au ministre de l'intérieur qu'au directeur général de la caisse d'amortissement.

26. La caisse d'amortissement rendra, chaque année, au ministre de l'intérieur, compte par écrit des sommes qu'elle aura reçues, payées ou employées, et des extinctions de pensions qui seront survenues. Ce compte arrêté sera mis sous nos yeux chaque année par le ministre.

27. Nos ministres de l'intérieur et du trésor public sont chargés, chacun en ce qui le concerne, de l'exécution du présent décret.

Signé NAPOLÉON.

LÉGION-D'HONNEUR.

EMPLOYÉS DE LA GRANDE CHANCELLERIE. — DAMES DE LA MAISON DE SAINT-DENIS.

Ordonnance du 16 mai 1816 (1).

Louis, etc.

Sur le rapport de notre cousin le maréchal, duc

(1) Avant cette ordonnance réglementaire, on ne voit dans

de Tarente, ministre d'État, grand chancelier de
l'ordre royal de la Légion-d'Honneur,
Nous avons ordonné et ordonnons ce qui suit :

TITRE 1er.

Fixation des retenues.

Art. 1er. A compter du 1er janvier 1816, il sera fait
une retenue de trois pour cent sur les traitements

les actes de la grande chancellerie que des concessions de pensions individuelles et de pure munificence ; témoin l'ordonnance collective du 8 août 1814, laquelle ne confère pas aux
veuves le droit de réversibilité. La décision suivante a été rendue d'après ce principe :

« Louis-Philippe, etc.

» Sur le rapport du comité du contentieux ; vu la requête à
nous présentée par la dame Marie-Madeleine Goupy, veuve
du sieur Marie-Antoine Perrotte, ex-lieutenant-colonel et ancien chef de bureau à la chancellerie de la Légion-d'Honneur,
enregistrée au secrétariat-général de notre conseil d'état, le
4 avril 1839, tendant à ce qu'il nous plaise annuler une décision de notre garde des sceaux du 3 janvier 1839 (*), laquelle
lui a refusé son droit de réversibilité à la pension de son mari ;
vu l'ordonnance royale du 8 août 1814 ;

» Considérant que la pension de retraite accordée au sieur
Perrotte, par l'ordonnance du 8 août 1814, est antérieure au
règlement du 16 mai 1816, et qu'elle ne contient pas la condition de réversibilité au profit de sa veuve ; que dès lors la
dame veuve Perrotte ne peut réclamer le bénéfice dudit droit
de réversibilité ;

» La requête de la dame veuve Perrotte est rejetée. » (Ordonnance du 7 novembre 1840.)

(*) Les décisions du grand chancelier qui peuvent donner lieu à un
pourvoi au conseil d'état doivent être soumises au ministre de la justice, pour savoir s'il entend se les *approprier*.

des employés dans les bureaux de la grande chancellerie de l'ordre royal de la Légion-d'Honneur, pour former un fonds de pensions de retraite et secours en faveur de ceux qui en seront susceptibles, ou de leurs veuves ou orphelins (1).

2. Le montant net des traitements, pendant les vacances d'emploi, qui n'excéderont pas un mois, sera ajouté au fonds de retraite et aura la même destination.

3. On ajoutera au fonds des retraites la somme qui restera disponible chaque année, par suite de décès ou d'extinction quelconque, sur la somme de quarante mille francs que nous avons accordée par notre ordonnance du 8 août 1814 pour des pensions, laquelle somme de quarante mille francs figurera dans les budgets annuels de la Légion-d'Honneur.

TITRE II.

Conditions d'admission.

4. Les demandes de pensions seront adressées à notre grand chancelier, qui les examinera et vérifiera les titres à l'appui ; et chaque année, sur son rapport, les pensions seront fixées par nous d'après les bases ci-après déterminées (2).

5. Il ne sera accordé de pensions que jusqu'à con-

(1) Cette retenue a été portée à cinq pour cent par une ordonnance du 28 novembre 1839.

(2) Les liquidations des pensions sont révisées conformément à ce qui est réglé par l'ordonnance du 20 juin 1817. (*V.* p. 134.)

currence des fonds libres sur le montant des retenues et sur ceux appliqués à la même destination par les articles 2 et 3.

6. Les employés des bureaux de la grande chancellerie pourront, après trente ans de services effectifs, ou lorsqu'au terme de vingt-cinq ans de pareils services ils auront atteint l'âge de soixante ans, obtenir une pension de retraite, pour laquelle on comptera tout le temps d'activité dans l'état militaire et dans les autres administrations publiques qui ressortissaient du gouvernement, quoique étrangères à celle dans laquelle les employés se trouvent placés, et sous la condition qu'ils auront au moins dix ans de services dans la grande chancellerie.

La pension pourra cependant être accordée avant trente ans de services, ou vingt-cinq ans de services et soixante ans d'âge, à ceux que des accidents ou des infirmités rendraient incapables de continuer les fonctions de leur place, ou qui, par le fait de la suppression de leur emploi, se trouveraient réformés après dix ans de services et au-dessus.

7. Pour déterminer la fixation de la pension il sera fait une année moyenne du traitement fixe dont les réclamants auront joui pendant les trois dernières années de leurs services.

8. La pension accordée après trente ans de services, ou vingt-cinq ans de service et soixante ans d'âge, ne pourra excéder la moitié de la somme réglée par l'article précédent; elle s'accroîtra du vingtième de cette moitié pour chaque année de services au-dessus desdits trente ans ou vingt-cinq ans, sans que, dans aucuns cas, la retraite puisse excéder la

somme de six mille francs pour les chefs de division, de quatre mille francs pour les chefs de bureau, de trois mille francs pour les sous-chefs et de deux mille francs pour les autres employés.

9. La pension accordée avant trente ans de services, dans les cas prévus par le 2ᵉ paragraphe de l'article 6, sera, pour dix ans de services, du sixième du traitement fixé conformément à l'article 7.

Elle s'accroîtra d'un soixantième de ce traitement pour chaque année de services au-dessus de dix ans.

10. Dans le cas de réforme par suite d'organisation, de suppression d'emploi ou d'infirmités, les employés qui n'auront pas dix ans de services dans la grande chancellerie, n'auront pas droit à une pension, mais ils recevront, sur la décision de notre grand chancelier, la totalité de la retenue qu'ils auront supportée, sans qu'il leur soit tenu compte des intérêts.

11. La veuve d'un employé ne peut prétendre à une pension qu'autant que son mari est mort dans l'exercice de son emploi, ou jouissant d'une pension de retraite sur les fonds de retenues ; qu'elle aura été mariée cinq ans avant la mort de l'employé décédé en activité ou avant la retraite de l'employé mort pensionné, et qu'elle ne contractera point de nouveau mariage (1).

(1) La dame Brandin réclamait une pension comme veuve du sieur Alexandre dit Barré, employé des bureaux de la grande chancellerie : celui-ci comptait, au moment de son décès, vingt-six ans six mois de services. La grande chancellerie proposait en faveur de la veuve une pension de 556 fr., calculée proportionnellement aux années de services et au

12. La pension de la veuve sera du quart de la pension de retraite à laquelle son mari aurait eu

traitement du mari, en se fondant sur les art. 11 et 12 du règlement du 16 mai 1816.

De ces deux articles combinés, la commission du conseil d'état a déduit une considération de droit qui serait que la veuve, n'obtenant de pension qu'à titre de réversibilité, ne peut prétendre à la pension si son mari n'était pas lui-même pensionnaire au jour de son décès ; qu'autant qu'il aurait un droit acquis pour le devenir.

Or, dit la commission, le sieur Alexandre, qui n'avait pas trente ans accomplis de services ou vingt-cinq ans de services et soixante ans d'âge, n'avait pas un droit acquis à la pension ; sa veuve est donc sans droit.

Il a été répliqué, dans l'intérêt de la veuve, que le titre de la veuve n'est pas uniquement celui de la réversibilité, et qu'il n'est pas nécessaire que son mari ait eu un droit acquis au moins avec les conditions indiquées par la commission.

Deux choses sont à distinguer dans le règlement du 16 mai 1816 : le droit et la quotité de la pension.

Le premier est défini par l'art. 11. Pour que la veuve soit admise à demander une pension, il faut que son mari soit mort pendant l'activité de service ou jouissant d'une pension de retraite.

L'art. 12 est uniquement relatif au calcul de la pension : la question de droit a été jugée par le précédent.

La pension pouvant être accordée à l'employé, non pas seulement à trente années de services, mais à dix années s'il devient par ses infirmités incapable de travail, il a paru évident aux bureaux de la grande chancellerie que le droit pouvait s'expliquer autrement que par les considérations qui avaient motivé l'avis de la commission.

La liquidation n'a pas eu d'autre suite.

La veuve du sieur Huré avait également sollicité une pension, comme étant dans une position analogue à celle de la veuve Alexandre. Sa demande a aussi été repoussée. La grande chancellerie n'a pas cru devoir insister pour elle, la question se

droit ou dont il aura joui. Elle pourra s'élever à la moitié de la pension, si la veuve est âgée de cinquante ans au moment du décès de son mari, ou s'il laisse à sa charge un ou plusieurs enfants au-dessous de vingt ans.

13. Les deux tiers de la pension dont la veuve jouira jusqu'à la date d'un nouveau mariage, ou jusqu'à la mort, seront réversibles à cette époque à titre de secours annuels aux enfants nés de son mariage avec l'employé décédé ; et si l'employé est mort veuf, les orphelins qu'il laissera, quel que soit leur nombre, recevront également, à titre de secours annuel, les deux tiers de la pension à laquelle leur mère aurait eu droit si elle avait survécu à son mari.

14. Le secours annuel se distribuera par égales portions entre les orphelins, et s'éteindra à mesure que chacun d'eux aura atteint sa vingtième année.

TITRE III.

Suspension ou privation du droit à la pension de retraite.

15. Nul employé démissionnaire n'a droit de prétendre au remboursement de retenues exercées sur son traitement, ni à aucune indemnité, à moins d'une décision spéciale de notre grand chancelier ; mais si, par suite, il était admis à rentrer dans les bureaux de la grande chancellerie, le temps de son premier service compterait pour la pension.

trouvant jugée par l'avis émis sur la liquidation concernant la veuve Alexandre. (Note de la direction des fonds et de la comptabilité de la grande chancellerie, novembre 1840.)

16. Tout employé destitué perd ses droits à la pension, quand il aurait le temps nécessaire pour l'obtenir; il ne peut prétendre au remboursement des sommes retenues sur son traitement pour la pension, ni à aucune indemnité.

17. Les surnuméraires et auxiliaires ne comptant point parmi les employés de la grande chancellerie, ne sont assujettis à aucune retenue, et n'auront droit à aucune pension de retraite.

TITRE IV.

Mode de payement des pensions, versements et comptabilité des fonds de retenue.

18. Les pensions accordées sur les fonds de retenue et sur ceux qui ont été alloués par l'article 3 de la présente ordonnance, seront payées comme les traitements.

19. Au commencement de chaque trimestre il sera fourni un bordereau général contenant :

1° L'état des retenues faites pendant le trimestre échu et de celles présumées dans le trimestre suivant.

— Au total de cet état sera ajouté le montant du prélèvement autorisé par l'article 3 de la présente ordonnance;

2° L'état des pensions accordées et de celles éteintes;

3° L'état des nouvelles pensions et des sommes nécessaires pour les acquitter.

20. Si le produit des fonds destinés aux pensions a dépassé le montant des payements à faire aux pensionnaires, l'excédant sera versé à la caisse chargée

du service des recettes et dépenses de la Légion-d'Honneur, qui l'emploiera en acquisitions de rentes sur le grand-livre, d'après l'autorisation de notre grand chancelier (1).

21. Une expédition du bordereau ordonné par l'article 20 de la présente ordonnance, sera remise tant à notre grand chancelier qu'à la caisse qui recevra les fonds, conformément à l'article 20.

22. Il sera rendu compte, à la fin de chaque année, à notre grand chancelier, des sommes qui auront été reçues, payées ou placées, et des extinctions qui auront eu lieu. Ce compte arrêté sera mis sous nos yeux, chaque année, par notre grand chancelier.

23. Notre grand chancelier de l'ordre royal de la Légion-d'Honneur est chargé de l'exécution de la présente ordonnance.

Donné au château des Tuileries, le seizième jour du mois de mai de l'an de grâce 1816, et de notre règne le vingt-unième.

Signé LOUIS.

Le président du conseil — RICHELIEU.

(1) Depuis 1838, les crédits ayant été réduits par les lois de budget aux fonds nécessaires pour les payements des pensions, cette disposition ne peut plus recevoir son exécution.

(*Note de la direction.*)

MAISON ROYALE DE SAINT-DENIS
ET SUCCURSALES.

PENSIONS DE RETRAITE.

Extrait de l'ordonnance du roi portant organisation définitive de la Maison royale de Saint-Denis. — 3 mars 1816.

(Abrogée par l'ordonnance du 23 avril 1821.)

Louis, etc.

. . . .

TITRE VI.

. . . .

Art. 55. La dame de seconde classe qui aura passé dix années en cette qualité dans la maison, en sus du noviciat, jouira d'une pension de retraite de deux cent cinquante francs; après quinze ans, cette pension sera de trois cent soixante-quinze francs, et ainsi progressivement, de cinq ans en cinq ans, de manière cependant que le maximum n'excède jamais huit cents francs.

56. La dame de première classe qui aura passé douze années en cette qualité dans la maison, aura une pension de retraite de quatre cents francs, en sus de celle à laquelle elle aura eu droit pour le nombre d'années pendant lesquelles elle aurait rempli les fonctions de dame de seconde classe.

Après dix-huit années, cette pension sera de six cents francs, et ainsi progressivement, de six ans en six ans, avec la faculté de cumuler accordée par le paragraphe ci-dessus, de manière cependant que le maximum n'excède jamais douze cents francs.

Donné au château des Tuileries, le 3 mars 1816.

Signé LOUIS.

Le président du conseil — RICHELIEU.

Statuts de la Maison royale de Saint-Denis. — (Ordonnance du 23 avril 1821. — *Extrait.*)

LOUIS, etc.

Nous étant fait représenter les divers décrets, statuts et ordonnances relatifs à la maison royale de Saint-Denis et de ses deux succursales, notamment les statuts des 29 mars 1809 et 15 juillet 1810;

Vu les statuts de réorganisation des 3 mars et 16 mai 1816, nos différentes ordonnances et décisions qui en ont modifié quelques dispositions;

Sur le rapport de notre grand chancelier de l'ordre royal de la Légion-d'Honneur,

Nous avons ordonné et ordonnons ce qui suit :

. . . .

TITRE III.

Des dames de la maison, et de leur organisation.

Art. 17. La maison sera régie par une surintendante qui sera nommée par nous, sur la présentation de notre grand chancelier de la Légion-d'Honneur, et qui pourra être prise en dehors de la maison.

18. La surintendante prêtera serment entre les mains de notre grand chancelier.

19. Il y aura sept dignitaires, dix dames de première classe, trente-six dames de deuxième classe,

vingt novices, et en outre des postulantes au noviciat, dont notre grand chancelier déterminera le nombre, suivant les besoins de la maison.

20. Les dignitaires se composeront :

1° D'une inspectrice, qui aura autorité dans la maison après la surintendante, et qui la remplacera dans toutes ses fonctions, en cas d'absence ou de maladie;

2° D'une directrice des études;

3° D'une économe, dépositaire des comestibles, faisant les fonctions de trésorière;

4° D'une dépositaire de la lingerie;

5° D'une dépositaire de la roberie;

6° D'une directrice des novices ;

7° D'une directrice des infirmeries et pharmacie.

21. Les dames de première et de seconde classe, les novices et les postulantes au noviciat, rempliront les fonctions de surveillantes, institutrices, maîtresses, tourières et infirmière.

22. Les dignitaires seront prises parmi les dames de première classe ; les dames de première classe parmi les dames de seconde classe ; les dames de seconde classe parmi les novices ; les novices parmi les postulantes au noviciat ; et les postulantes au noviciat parmi les élèves.

Il n'y aura d'exception que dans le cas où la maison ne pourrait pas fournir les sujets nécessaires aux différents genres de talents et de fonctions.

23. On choisira les postulantes au noviciat parmi les élèves de la 13e section qui auront atteint l'âge de dix-huit ans.

À cet effet, les dignitaires, réunies en conseil, présenteront trois élèves pour chaque place de postulante ; la surintendante transmettra cette présentation, avec son opinion personnelle sur les candidats, à notre grand chancelier, qui nommera. Les postulantes feront un noviciat de deux ans.

24. On prendra les novices parmi les postulantes au noviciat ayant deux ans d'exercice, et sous le consentement des parents.

A cet effet, les dignitaires, réunies en conseil, présenteront trois postulantes pour chaque place de novice ; la surintendante transmettra cette présentation, avec son opinion personnelle sur les candidats, à notre grand chancelier, qui nommera. Les postulantes devenues titulaires feront un second noviciat de deux ans, avant de pouvoir parvenir au grade de dame de deuxième classe.

25. On choisira les dames de deuxième classe parmi les novices ayant deux ans au moins d'exercice, et qui réuniront les qualités requises, sous le consentement des parents. A cet effet, les dignitaires, réunies en conseil, présenteront trois novices pour chaque place vacante ; la surintendante transmettra cette présentation, avec son opinion personnelle sur les candidats, à notre grand chancelier, qui nommera.

26. Les dames de première classe seront choisies parmi les dames de seconde classe ayant au moins cinq ans d'exercice. A cet effet, les dignitaires, réunies en conseil, présenteront trois dames de seconde classe pour chaque place vacante ; la surintendante transmettra cette présentation, avec son opinion personnelle sur les candidats, à notre grand chancelier, qui nommera.

27. Les dignitaires seront prises parmi les dames de première classe ayant au moins six ans d'exercice dans ce grade. A cet effet, le conseil présentera trois dames de première classe pour chaque place vacante; la surintendante transmettra cette présentation, avec son opinion personnelle sur les candidats, à notre grand chancelier, qui nommera sous notre approbation.

28. Les novices qui deviendront dames de seconde classe, contracteront l'obligation de remplir les devoirs de cette classe pendant cinq années consécutives, et pourront renouveler de semblables engagements.

Les dames de seconde classe qui passeront au grade de dames de première classe, contracteront l'obligation d'un service de six années en cette nouvelle qualité; elles pourront aussi renouveler de pareils engagements.

Enfin les dames de première classe qui deviendront dignitaires, contracteront l'engagement de compléter vingt-cinq années de service dans la maison.

Nous réservant le droit de dispenser les dignitaires, dames de première et de seconde classe, de l'obligation qui leur est imposée par le présent article.

29. Les dignitaires, les dames de première et de seconde classe, seront présentées par la surintendante à notre grand chancelier de la Légion-d'Honneur, entre les mains duquel elles prêteront serment.

. . . .

TITRE VI.

Du conseil d'administration ; du traitement et des dépenses.

48. Les dignitaires, présidées par la surintendante, composeront le conseil d'administration ; la voix de la surintendante comptera pour deux en cas de partage.

49. Le traitement de la surintendante est fixé à. . . . . 6,000 fr.
Celui d'une dignitaire, à. 1,500
Celui d'une dame de première classe, à. 1,000
Celui d'une dame de seconde classe, à. 600

. . . .

TITRE VII.

Des pensions de retraite.

56. La dame de deuxième classe, après dix années dans ce grade, jouira d'une pension de retraite de deux cent cinquante francs ; après quinze ans, cette pension sera de trois cent soixante-quinze francs, et ainsi progressivement, de cinq ans en cinq ans, de manière cependant que le *maximum* n'excède jamais huit cents francs.

57. La dame de première classe, après dix années dans ce grade, aura une pension de retraite de quatre cents francs, en sus de celle qui lui aurait appartenu pour le nombre d'années pendant lesquelles elle aurait rempli les fonctions de dame de deuxième classe.

Après cinq autres années en qualité de dame de première classe, la pension s'accroîtra de deux cents francs, et ainsi progressivement, de cinq ans en cinq ans, avec la faculté de cumuler accordée par le paragraphe ci-dessus, de manière cependant que le *maximum* de la pension n'excède jamais douze cents francs.

58. La dignitaire, après dix années de service dans ce grade, pourra obtenir une pension de retraite de six cents francs, laquelle sera augmentée de cent vingt-cinq francs à cause des cinq années dans les fonctions de dame de deuxième classe, et de deux cent quarante francs pour les six années de fonctions comme dame de première classe.

Après cinq autres années comme dignitaire, la pension s'accroîtra de trois cents francs, et progressivement, de cinq ans en cinq ans, de manière cependant que le *maximum* n'excède jamais dix-huit cents francs.

59. Néanmoins la dame de première classe ou la dignitaire que des infirmités ou toute autre cause valable empêcheront de passer les dix années consécutives, soit dans l'un, soit dans l'autre de ces grades, pourra demander sa retraite, pourvu qu'elle compte dix années au moins d'activité dans les différents grades cumulés.

La pension sera liquidée pour la durée totale des services, en suivant les différents taux indiqués par les trois articles qui précèdent, pour chacun des grades que la dame ou la dignitaire aura occupés, et pour le temps qu'elle aura passé dans chacun d'eux.

Donné au château des Tuileries, le vingt-troisième jour du mois d'avril de l'an de grâce 1821, et de notre règne le vingt-sixième.

Signé LOUIS.

Le président du conseil — RICHELIEU.

MINISTÈRE DES AFFAIRES ÉTRANGÈRES.

AGENTS DIPLOMATIQUES. — EMPLOYÉS DU MINISTÈRE.

Arrêté qui divise en grades le service du département des relations extérieures pour la partie des agences politiques. — 3 floréal an VIII.

LES CONSULS DE LA RÉPUBLIQUE, sur le rapport du ministre des relations extérieures; le conseil d'état entendu,

Arrêtent ce qui suit :

Art. 1er. Le service du département des relations extérieures, pour la partie des agences politiques, est divisé en grades, qui seront classés comme il suit :

1° Secrétaire de légation de 2e classe;

2° *Idem* 1re;

3° Ministre plénipotentiaire;

4° Ambassadeur.

Il sera fait un règlement particulier pour la partie du service des relations commerciales.

2. Il sera établi dans le département une classe d'aspirants qui, dans le cours de leur instruction, pourront être alternativement placés dans les bureaux et à la suite des légations. Leurs progrès seront constatés par un ou plusieurs examens, dont un règlement particulier, qui sera arrêté par le ministre, déterminera le temps et le mode, ainsi que le plan de leur enseignement.

Il sera établi pour la classe un grade spécial d'élèves.

qui deviendra le premier degré de promotion du service du département.

3. Les promotions aux grades et les nominations aux emplois seront décidées sur des rapports distincts et par des arrêtés séparés. Les agents promus en grade recevront, à chaque promotion, un brevet du premier consul.

4. Il y aura un traitement distinct et affecté à chaque grade ; ce traitement sera pris sur la quotité actuelle des appointements de chaque agent ; et ainsi, tous les appointements des agents brevetés seront désormais composés de deux parties : du traitement de leur emploi et de celui de leur grade.

5. Les grades ne suivront pas indispensablement l'ordre des emplois. Le premier consul pourra, pour des considérations de service, conférer à un agent un grade supérieur à son emploi, ou le nommer à un emploi supérieur à son grade. Dans l'un ou l'autre cas, les appointements de l'agent ne seront augmentés que dans la partie du traitement de son nouvel emploi ou de son nouveau grade.

6. Tous les agents actuellement en activité recevront des brevets de grade. S'ils sont dans la quatrième année de leur service, ils seront brevetés du grade de leur emploi ; avant ce terme, ils ne pourront être pourvus que des brevets du grade immédiatement inférieur, à moins qu'ils ne soient dans le cas prévu par l'article 5. Il en sera de même à l'égard de toutes les nominations qui seront faites à l'avenir par le premier consul.

7. A dater du 1er germinal an VIII, tout agent qui sera rappelé ne perdra, par le fait de son rappel, que

le traitement de son emploi. Il jouira de son traitement de grade jusqu'au moment où il sera remis en activité.

8. À dater de la même époque, tout agent rappelé par arrêté portant injonction de rendre compte de sa conduite, sera tenu de produire sa justification devant une commission composée de cinq membres choisis par le premier consul. Cette commission fera, sur cette justification, un rapport qui sera présenté par le ministre au premier consul; et ce n'est qu'à la suite d'un tel rapport, qu'un agent pourra être destitué et privé de ses grades.

9. Néanmoins le premier consul, par un arrêté spécial, et sans examen de commission, pourra retirer un grade à un agent rappelé; et alors cet agent ne jouira que du traitement du grade immédiatement inférieur à celui qu'il aura perdu.

10. Les grades du département seront communs aux agents extérieurs et à ceux de l'intérieur du département. Les règles de cette assimilation seront comme il suit :

Les chefs de bureau politique seront promus au grade de secrétaire de légation de seconde classe;

Les sous-chefs de division politique seront promus au grade de secrétaire de légation de première classe;

Les chefs de division politique seront promus au grade de ministre plénipotentiaire;

Le ministre des relations extérieures sera promu au grade d'ambassadeur.

Néanmoins, les chefs et sous-chefs ne pourront être promus au grade de leur emploi, s'ils ne justifient pas de quatre ans de service; et le grade d'ambassadeur ne sera conféré au ministre, qu'autant qu'il aura été précédemment pourvu du grade de ministre plénipotentiaire, ou qu'il aura deux ans d'exercice des fonctions de son ministère.

11. Les agents qui ont été rappelés antérieurement au 1er germinal an VIII, seront susceptibles d'être pourvus de brevets de grade, à raison des emplois qu'ils ont remplis et du temps de . . service. La durée du temps nécessaire pour qu'ils puissent être brevetés est de quatre années au moins, dont deux depuis la révolution.

12. Le traitement de grade sera la base de la retraite des agents du département. Le temps indispensable pour obtenir un traitement de retraite sera au moins de vingt ans de service. Après cette période, un agent pourra, avec l'autorisation du premier consul, se retirer et jouir de la moitié de son traitement de grade. Après vingt-cinq ans, il pourra jouir de la totalité de ce traitement. Dans l'un et l'autre cas, il pourra lui être accordé un surcroît de traitement proportionné à ses talents et à ses services.

13. Les agents qui, en 1789, étaient retirés et jouissaient d'une pension de retraite, pourront être dispensés de justifier de leurs services pendant le cours de la révolution.

Le traitement de grade du dernier emploi qu'ils ont rempli leur servira de traitement de retraite.

A dater du 1er germinal an VIII, ce traitement leur sera payé un quartier d'avance.

14. La nomination des agents ou employés du département, à des fonctions ou places étrangères au service du département, ne privera pas ces agents ou

employés de leur grade, si ces fonctions ou places leur sont conférées par le sénat conservateur ou par le premier consul. Les agents ne pourront en accepter d'autres sans l'agrément du ministre.

15. Les traitements de grade seront fixés comme il suit :

Traitement de grade	d'ambassadeur.	10,000 fr.
	de ministre plénipotentiaire. . . .	6,000
	de secrétaire de légation de 1re classe.	2,400
	de secrétaire de légation de 2e classe.	1,000
	d'élève breveté.	600

16. Le ministre des relations extérieures organisera le service intérieur de son département, de manière à établir une règle spéciale de promotion de bureau pour les employés qui ne sont pas en grade. Cette promotion doit donner à chaque employé un titre de stabilité, quand il sera reconnu qu'il l'a mérité par son âge et par ses services. Elle doit, aux mêmes titres, leur donner encore la perspective d'être promus aux grades du département, sans qu'il soit besoin qu'ils passent par celui d'élève.

Il sera, à cet effet, formé un tableau et un règlement qui seront rédigés par le ministre, et arrêtés par le premier consul.

17. Il sera fait une retenue proportionnelle sur tous les appointements des agents politiques du département. Cette retenue, ainsi que les bonifications accidentelles des fonds affectés à cet usage, sera destinée à pourvoir au surcroît de dépense qui doit résulter de l'exécution du présent règlement.

Le ministre des relations extérieures est chargé de

l'exécution du présent arrêté, qui sera inséré au Bulletin des Lois (1).

Signé BONAPARTE.

Rapport au roi, et ordonnance portant règlement des retenues à faire sur les traitements dépendant du ministère des affaires étrangères, et des pensions à assigner à ses agents et employés sur ce fonds de retenue. — 19 novembre 1823.

RAPPORT AU ROI.

SIRE ,

J'ai trouvé dans mon ministère un système de liquidation de pensions fort bien organisé, et des règles pour la vérification des titres qui donnent droit à les obtenir, parfaitement conformes aux lois établies ; mais il n'a pas été pourvu avec assez de prévoyance au moyen d'acquitter la dette du gouvernement de Votre Majesté envers ceux de ses agents qui, laborieusement parvenus au terme de leur carrière, ont usé leur vie à son service. Tous les moyens d'ordre, d'économie et de rigueur ont été vainement tentés pour proportionner les ressources aux besoins, et je me suis convaincu que ce but ne pourrait être atteint que par de nouvelles règles de perception, qui, en perfectionnant le système des retenues, jusqu'ici généralement défectueux dans les administrations qui l'ont adopté, assure enfin à la caisse des pensions un fonds suffisant pour l'acquit de ses charges.

(1) Cet arrêté n'a jamais reçu d'exécution de la part du ministère des affaires étrangères. (Note de la direction de la comptabilité, décembre 1840.)

Une première commission d'agents de tous les grades, tant de ceux du service intérieur que de ceux du dehors, a été d'abord nommée pour discuter le projet d'un nouveau règlement. On a fait ensuite examiner et discuter ce projet par une seconde commission, composée des chefs réunis de tous les services de mon ministère; et enfin il a été soumis au contrôle de la commission du conseil d'état, qui a été formée et attachée au département des affaires étrangères, en vertu de l'ordonnance du 20 juin 1817.

C'est ce règlement, rédigé, délibéré et unanimement adopté par trois commissions successives, que j'ai l'honneur de présenter à la sanction de Votre Majesté.

Parmi les motifs qui réclament cette mesure, j'en indiquerai trois qui, en la justifiant, en feront, je pense, ressortir l'indispensable nécessité :

1° La perception des retenues, telle qu'elle se fait au ministère depuis vingt ans, n'est pas suffisamment autorisée, et il en est ainsi de leur emploi.

2° Le produit de ces retenues ne suffit pas à l'acquit des charges de la caisse qui les perçoit.

3° Enfin, le trésor se fonde sur le texte formel de la loi du 15 mai 1818, pour refuser à mon ministère toute participation au partage du fonds de trois millions destiné à la formation et à l'acquit des pensions civiles. Évidemment le ministère ne peut rester plus longtemps dans cette situation, et j'ai dû penser que je ne pouvais différer de mettre sous les yeux de Votre Majesté un règlement qui, en balançant désormais les produits de la retenue et leur application à tous les cas qui en commandent la répartition, imprimât à la recette et à la dépense le caractère de légalité qui leur manque, et obviât ainsi, pour le présent et pour l'avenir, aux inconvénients que je viens d'exposer.

Je crois devoir présenter ici quelques observations, d'abord sur le principe qui sert de base au système de retenue considéré en lui-même, et tel qu'il est aujourd'hui établi, sans exception, dans toutes les grandes administrations de l'état, et ensuite sur le mode spécial qui m'a été proposé par les trois commissions.

Le système par lequel on parvient, d'une manière facile et peu onéreuse, au but d'assurer pour toujours l'acquit des pensions que le gouvernement et l'état doivent à ceux qui les servent, est encore nouveau en France : il n'y date que de l'arrêté du 3 floréal an VIII, qui en fit une application tout à fait isolée au ministère des affaires étrangères. L'exemple en fut bientôt suivi par les autres ministères. Si, depuis, quelques préventions se sont élevées contre ce système, elles me paraissent n'avoir d'autre cause que l'erreur qui a fait considérer les caisses de retenue comme des caisses d'épargne ou des tontines. Il faut, en effet, convenir que, si elles appartenaient à cette classe d'établissements, elles seraient incontestablement les plus mauvaises caisses d'épargne et les plus mauvaises tontines qui existent et puissent exister. Mais il n'y a pas deux choses qui diffèrent plus l'une de l'autre que les caisses de retenue, celles d'épargne et les tontines.

Dans les tontines, il y a une mise une fois faite qui est placée à intérêt ; son produit revient annuellement à l'actionnaire qui a fourni la mise, et les survivants héritent des parts d'intérêts qui appartiennent aux décédés.

Dans les caisses d'épargne, il y a des mises successives à périodes indéterminées; il y a placement à intérêt, capitalisation et accumulation du capital et des intérêts. Quant au retrait, il est incertain, et au gré de celui qui a droit de le faire.

Rien de semblable ne se voit dans une caisse de retenue, où il n'y a ni épargnes, ni placements à intérêts, ni capitalisation; dans une caisse où la mise qui fait partie de la recette, fait dans la même année partie de la dépense; où par cela même il ne peut y avoir d'héritage, puisque, après la distribution du revenu de l'année, il ne reste rien à transmettre; où enfin rien ne se produit, tout se consomme. Toutes ces assimilations sont des erreurs, toutes ces analogies sont des chimères.

La formation des caisses de retenue est une mesure extrêmement simple dans son principe, bien qu'elle devienne assez compliquée dans la discussion et la détermination des règles de son exécution. On s'en fera une juste idée en se reportant au motif et à l'objet de l'affectation du fonds destiné dans le budget de l'état à la solde des services publics. Le fonds sur lequel cette dépense est assise, doit en même temps pourvoir à l'acquit du traitement du service actif et à celui des pensions des agents que l'âge ou les infirmités ont mis hors d'état de servir. Dans cette vue, une ordonnance détermine quelle est la portion de ce fonds qui doit être mise en réserve pour ce dernier usage; et c'est ici, et non pas dans le principe des re-

tenues, qu'on doit chercher la cause de tous les mé-
comptes dont on s'est plaint.

Quand on est venu à comparer la mesure du fonds
de retenues avec la somme des besoins auxquels il
devait satisfaire, on a vu que cette mesure avait été
déterminée au hasard. Dans quelques administrations, en effet, on l'a fixée à deux pour cent; dans
d'autres, à deux et demi, à trois, à quatre, à cinq, et
le résultat a été tel qu'on devait s'y attendre.

Une seule caisse présente, dans le prélèvement et
l'emploi, une proportion exacte entre les produits et
les charges; il y en a une dont les produits excèdent
la mesure des besoins; dans toutes les autres, il y a
insuffisance et déficit. C'est que la retenue à exercer,
dans un tel but, sur la somme des traitements du
service actif, est une *aliquote* dont il est extrêmement difficile, en même temps qu'il est absolument
nécessaire, de déterminer la mesure, si l'on veut
qu'elle remplisse sa destination.

Cette aliquote doit être le résultat de plusieurs rai-
sons composées, dont les éléments sont :

1° Le nombre des agents employés au service actif;

2° Leur âge et la probabilité du nombre de ceux
qui doivent arriver à cinquante ans, après trente ans
d'exercice ;

3° Leur mortalité probable pendant la durée du
service ;

4° Le nombre des agents qui sont parvenus à l'âge
où l'on obtient une retraite;

5° Enfin, leur mortalité présumée après le terme
de leur retraite. Dans chacune de ces données, il faut
chercher une moyenne; et quand on les a toutes com-

parées et balancées, il faut encore rechercher la moyenne des traitements; et alors on a tous les éléments du calcul par lequel on établit d'abord la mesure de la retenue, ensuite la moyenne des retraites, enfin le *maximum* et le *minimum* des pensions qui doivent être acquittées.

Mais il ne faut pas se dissimuler qu'on ne peut jamais atteindre ce but qu'approximativement, attendu qu'il n'existe aucune administration où il n'y ait variation et incertitude dans les données de fait qui servent d'éléments au calcul. Il est néanmoins d'un assez grand intérêt d'observer que dans les administrations les mieux organisées, et, par exemple, dans celle des domaines, où les règles d'admission, celles de promotion et celles de retraite, sont le plus religieusement suivies, les perceptions de la retenue donnent à la caisse des moyens qui jusqu'à ce jour se sont constamment proportionnés à ses charges. Cette observation me semble attacher une importance toute particulière au système des caisses de retenue, et c'est pour ce motif que j'ai cru devoir la consigner dans ce rapport.

Quant à celle que le projet d'ordonnance que je soumets à Votre Majesté consacrera dans mon ministère, je dois convenir que la mobilité forcée de son service établit une cause constante d'incertitude, pour l'avenir, sur la proportion qui devrait toujours exister entre les ressources de la caisse et ses charges; mais il n'en devient que plus nécessaire d'élever le taux des retenues, qui ne donnent aujourd'hui que des produits évidemment insuffisants pour leur emploi.

Le terme de sa fixation a été recherché avec le plus

grand soin; toutes les données de fait relativement au nombre, à l'âge des agents de tous les grades et de toutes les classes, à la somme des traitements et à celle des retraites, ont été scrupuleusement calculées. On a laissé une certaine marge aux variations, aux extensions éventuelles; et, de tous ces éléments de calcul, sont enfin résultées les *aliquotes* graduées qui figurent dans l'ordonnance, pour y déterminer les diverses et inégales subventions que tous les agents du ministère doivent subir d'après leur grade et selon la classe à laquelle ils appartiennent.

Ce mode n'a pas encore été tenté; mais il ne surprendra que les personnes qui ont pensé que la mesure des retenues pouvait être déterminée au hasard; et il ne sera nouveau pour elles, que parce qu'elles n'ont pas recherché le principe de la différence des droits acquis sur le fonds des retenues par les diverses classes de traitements qui contribuent à le former. D'après ce principe, la mesure de la contribution prélevée sur un agent doit se proportionner à celle de la pension à laquelle il aspire, et la somme des contributions qui sont annuellement prélevées sur lui, dans la durée de trente ans de service, doit encore se proportionner à celle de la somme des annuités successives qu'il peut espérer de recevoir dans la durée probable du dernier période de sa vie. Or, ces proportions ne peuvent se trouver dans le mode de la retenue uniforme et commune, à moins de renoncer à la règle de limiter la somme des pensions des classes à un *maximum*, sans lequel un petit nombre d'entre elles suffirait pour absorber la totalité des fonds de retenues. Ce principe fait donc une nécessité de recourir au mode de per-

ceptions graduées; et si ce mode n'établit pas avec
une précision mathématique les proportions désirées,
ses résultats s'en rapprochent du moins autant qu'il
est à la fois et possible et désirable de le faire.

Pour sentir la nécessité du principe, il suffit de considérer les conséquences qui doivent résulter de son
ignorance ou de sa violation. Ainsi, par exemple, la
retenue commune de cinq pour cent, prélevée sur tous
les traitements, ferait contribuer les classes supérieures
d'une somme qui, après le terme de trente ans, re-
présenterait le capital de quarante-huit années de pensions, tandis que celle que la classe inférieure aurait
payée pendant le même laps de temps, ne représen-
terait qu'un capital de quatre à cinq années de pensions acquittées. Cependant, la durée probable de la
jouissance, pour les agents de l'une et l'autre classe,
ne doit être que de treize ans. Je ne saurais, certes,
proposer d'admettre et de consacrer une telle disproportion.

Je conviendrai toutefois que, dans le mode nouveau, il y aura encore disproportion; mais elle sera
beaucoup moindre. Le traitement le plus élevé de
mon ministère contribuera, pendant la durée de
trente ans de service, à la formation du fonds commun, d'un capital dont la valeur sera de douze fois
celle de la pension correspondante, et la moyenne
du traitement inférieur contribuera d'un capital dont
la valeur ne sera que de quatre à cinq fois celle de
la pension que ces traitements donnent le droit de
réclamer. On ne pourrait obvier à cette disproportion
qu'en élevant le taux de la retenue des traitements
inférieurs à quinze pour cent, proportion que, cer-

tainement, Votre Majesté refuserait d'admettre. Mais il suffit d'observer que si la disproportion ne peut être rectifiée, elle peut, dans la mesure où elle est réduite, être justifiée par la comparaison des avantages respectifs que le système assure à toutes les classes, la surcharge de cinq pour cent qui, dans la perception des retenues, pèse sur la classe inférieure, se trouvant compensée dans la liquidation des pensions par la probabilité de recevoir deux ou trois fois la somme qui a été prélevée en retenues, et les classes supérieures se trouvant également indemnisées du désavantage qu'elles subissent dans la liquidation de leurs pensions, par la diminution de leurs charges dans le prélèvement des retenues.

Quant à la mesure des pensions, les diverses classes des agents du ministère que Votre Majesté a daigné confier à mes soins, trouveront dans les dispositions de l'ordonnance un avantage qui sera commun à toutes; les agents des classes supérieures auront en perspective, après trente années de service, une pension supérieure d'un ou deux tiers pour quelques-uns, et même du double pour quelques autres, à celles que les lois existantes leur donnent aujourd'hui le droit de réclamer; et les pensions que les agents de la classe inférieure pourront espérer d'obtenir, s'élèveront à une valeur supérieure, souvent double et quelquefois triple de celle que les règles actuelles de liquidation leur promettent.

Signé le vicomte DE CHATEAUBRIAND.

ORDONNANCE DU ROI.

Louis, etc.;

Sur le rapport de notre ministre secrétaire d'état au département des affaires étrangères,

Nous avons ordonné et ordonnons ce qui suit :

Art. 1er. Les recettes de la caisse des retenues et pensions du département des affaires étrangères se composent :

1° D'une retenue proportionnelle sur tous les traitements de chacun des agents extérieurs, ou employés des bureaux, payés directement sur les fonds du budget, laquelle devra être calculée à raison de cinq pour cent sur les premiers 20,000 francs desdits traitements, de quatre pour cent sur les seconds, de trois pour cent sur les troisièmes, de deux pour cent sur les quatrièmes, et enfin d'un pour cent sur les cinquièmes et suivants, ainsi qu'il résulte du tableau annexé à la présente ordonnance;

2° D'une retenue, calculée d'après la même proportion décroissante, sur les gratifications, suppléments de traitement, et généralement toutes les sommes autres que frais de voyage ou d'établissement, et remboursements d'avances pour le service, qui seront payées à ces agents ou employés;

3° D'une retenue sur le premier mois de tout premier traitement, ainsi que de toute augmentation d'un ancien traitement, obtenue soit dans le même emploi, soit dans un autre, laquelle retenue sera égale au montant de celle que devra supporter le traitement ou cette augmentation de traitement, dans le cours d'une année, d'après le paragraphe 1°;

4° Des prélèvements qui seront déterminés dans un règlement particulier, approuvé par nous, sur le traitement des agents extérieurs ou employés des bureaux en congé;

5° Enfin, des fonds et des arrérages de rentes que la caisse pourrait acquérir, conformément aux lois, ainsi que du capital de celles desdites rentes dont la vente serait autorisée par nous.

2. Le droit à la pension de retraite n'est acquis qu'après trente années de services.

Mais, en cas d'infirmités graves, constatées et reconnues, ladite pension peut être obtenue après des services de vingt-cinq années.

3. La pension des agents extérieurs se calcule sur les grades dont ils ont été revêtus pendant les quatre dernières années de leurs services, et en prenant le terme moyen des pensions qui sont fixées ci-dessous, pour chacun de ces grades, après trente années de services :

Les ambassadeurs.	12,000 fr.
Les ministres ayant plus de 60,000 fr. de traitement.	10,000
Les ministres ayant 60,000 fr. et au-dessous.	8,000
Les résidents, les chargés d'affaires (nommés par nous en cette qualité) et les conseillers d'ambassade.	6,000
Les premiers secrétaires d'ambassade.	6,000
Tous les autres secrétaires d'ambassade et de légation.	4,000
Les consuls généraux.	6,000
Les consuls.	5,000
Les vice-consuls.	3,000

Les drogmans de première classe à Constantinople.   5,000
Les drogmans de seconde classe dans la même résidence, ainsi que les premiers drogmans des
  consulats généraux.   3,000
Enfin tous les drogmans, autres que ceux ci-dessus désignés, et les interprètes-chanceliers. .   2,400

Nos secrétaires-interprètes à Paris, ainsi que toutes les autres personnes qui ne sont point comprises dans la présente nomenclature, doivent être traités comme les employés des bureaux.

4. La pension des employés des bureaux se calcule sur le traitement moyen dont ils ont joui pendant les quatre dernières années de leurs services, et s'élève à la moitié de ce traitement, après trente années : elle ne peut toutefois dépasser un *maximum* de six mille francs.

5. L'agent extérieur qui devient employé des bureaux, de même que l'employé des bureaux qui devient agent extérieur, moins de quatre années avant l'époque de sa retraite, peut choisir entre les droits différents que donne chacune de ces deux qualités, et faire fixer sa pension d'après la combinaison qui lui est la plus favorable.

6. Toute pension accordée avant trente années de services, et dans le cas d'infirmités prévu par le deuxième paragraphe de l'article 2, doit subir autant de trentièmes de diminution qu'il manque d'années à ce terme.

7. Les seuls services qui donnent droit à la pension de retraite sur les fonds de retenue des affaires étrangères, soit qu'ils aient été rendus dans le minis-

tère ou dans toute autre administration de l'état, sont ceux dont le payement est directement effectué sur les fonds du budget.

Ils ne sont d'ailleurs comptés qu'à partir de l'âge de vingt ans, et leur durée totale, qu'elle soit de trente années ou de vingt-cinq, doit toujours en comprendre une de quinze années au moins dans le département des affaires étrangères.

8. Le temps d'inactivité avec traitement, dans le ministère des affaires étrangères, compte comme un temps de service actif, pourvu toutefois que cette durée d'inactivité n'excède pas cinq années; au delà de ce terme, elle ne compte plus que pour moitié, et au-dessus de dix années, que pour un quart.

La pension des agents extérieurs qui arriveraient à la retraite avec un traitement d'inactivité, ne devrait pas être calculée sur ce traitement, mais sur le grade dont ces agents auraient été revêtus pendant les quatre dernières années de leurs services actifs, conformément à l'article 3.

9. La démission avant trente années de service fait perdre tout droit à la pension de retraite, à moins d'une nouvelle activité de service dans le même ministère ou la même administration. La sortie d'un ministère pour passer dans un autre, ou dans le service militaire, n'est point considérée comme démission.

10. Les pensions de retraite doivent toujours être liquidées, même en cas d'insuffisance des revenus de la caisse; mais elles ne sont payées qu'à mesure qu'il se trouve des fonds libres, et suivant l'époque de la cessation des fonctions, ou subsidiairement, suivant

la durée des services, ou, subsidiairement encore, suivant l'âge des pensionnaires, mais sans rappel des arrérages antérieurs.

11. La pension payée sur les fonds de retenue du département des affaires étrangères, peut être ajoutée à une autre pension payée sur les fonds de retenue d'une autre administration, jusqu'à concurrence du *maximum* le plus favorable au pensionnaire.

Mais cette pension ne saurait être touchée avec aucun traitement ni aucune rétribution quelconque pour service actif, et elle reste suspendue tant que dure ce traitement. Elle reprend d'ailleurs son cours et son rang, aussitôt après qu'il a cessé, et elle doit même s'accroître en proportion de la durée du nouveau service actif, si elle n'a pas déjà atteint son *maximum*, et qu'elle ait subi la diminution indiquée à l'article 6.

12. La veuve d'un pensionnaire, aussi bien que celle d'un agent ou d'un employé décédé dans l'exercice de ses fonctions après trente années de services, peut obtenir, si elle est dénuée de fortune, une pension égale au quart de celle dont jouissait ou avait droit de jouir son mari. Mais, pour cela, elle est tenue de justifier qu'elle était mariée avec lui cinq années avant l'obtention de sa retraite ou l'ouverture de son droit à l'obtenir.

Dans le même cas de dénûment de fortune, chacun des orphelins de père et mère, issus des mariages spécifiés ci-dessus, peut obtenir une pension égale au vingtième de celle dont jouissait ou avait droit de jouir son père. Cette pension, dont la durée peut être limitée à un nombre d'années quelconque, ne saurait, d'ailleurs, lui être payée passé l'âge de dix-huit ans, et n'est point susceptible de réversibilité.

La portion des fonds de retenue affectée à la totalité des pensions des veuves et des orphelins, ne peut jamais excéder le sixième de celle qui se trouve absorbée antérieurement par les pensions de retraite des agents extérieurs et employés des bureaux.

13. Toutes les liquidations de pensions opérées aux affaires étrangères, sont soumises à la révision de la commission du conseil d'état attachée à ce ministère par l'article 3 de notre ordonnance du 20 juin 1817.

14. Les fonds versés dans la caisse des retenues des affaires étrangères ne peuvent être affectés, dans aucun cas ni sous aucun prétexte, qu'au payement des pensions de ce département.

15. Les personnes attachées aux affaires étrangères, qui, vu la grande ancienneté de leurs services, trouveraient quelque avantage à faire fixer le taux de leurs pensions d'après les bases du décret du 13 septembre 1806, peuvent demander que cet ancien mode de liquidation leur soit appliqué; mais elles ne conservent cette faculté d'exception que pendant une année; et passé ce terme, elles demeurent irrévocablement soumises aux dispositions générales de la présente ordonnance.

16. Notre ministre secrétaire d'état au département des affaires étrangères est chargé de l'exécution de la présente ordonnance.

Donné en notre château des Tuileries, le 19ᵉ jour du mois de novembre de l'an de grâce 1823, et de notre règne le vingt-neuvième.

Signé LOUIS.

Tableau annoncé à l'article 1er de la présente ordonnance.

TRAITEMENTS.	RETENUE de 5 p. 100 sur les premiers 20,000 fr.	RETENUE de 4 p. 100 sur les seconds 20,000 fr.	RETENUE de 3 p. 100 sur les troisièm. 20,000 fr.	RETENUE de 2 p. 100 sur les quatrièmes 20,000 fr.	RETENUE de 1 p. 100 sur les cinquièmes 20,000 fr.	TOTAL des RETENUES.
20,000 f.	1,000 f.	»	»	»	»	1,000 f.
40,000	1,000	800 f.	»	»	»	1,800
60,000	1,000	800	600 f.	»	»	2,400
80,000	1,000	800	600	400 f.	»	2,800
100,000	1,000	800	600	400 f.	200 f.	3,000

Nota. Au-dessous de la classe de 20,000 francs, et dans les intermédiaires des classes supérieures, les traitements subissent la retenue de la classe à laquelle ils appartiennent.

Loi qui ouvre un crédit extraordinaire pour subvention à la caisse des retraites du département des affaires étrangères. — 12 juillet 1836.

Louis-Philippe, etc.;

Nous avons proposé, les chambres ont adopté, nous avons ordonné et ordonnons ce qui suit :

Art. 1er. Il est ouvert au ministre secrétaire d'état des affaires étrangères un crédit extraordinaire de cent mille francs sur l'exercice 1836, à titre de subvention à la caisse des retraites de son département.

2. Ce crédit devra faire partie du compte à rendre pour les dépenses ordinaires de l'exercice 1836.

3. Les nouvelles demandes de retraite, à l'exception de celles qui pourraient être formées par des

veuves d'employés morts en activité de service, ne seront admises que dans la proportion des fonds disponibles ; celles sur lesquelles il n'aura pas été statué, faute de fonds, dans le cours de l'année 1836, seront ajournées à l'année suivante.

4. Aucune pension liquidée postérieurement à la promulgation de la présente loi ne devra excéder le maximum de six mille francs, déterminé par la loi du 15 germinal an XI (1).

(1) JURISPRUDENCE.

L'ordonnance royale du 19 novembre 182 . qui, pour l'admission à la pension de retraite, exige que les agents diplomatiques aient exercé pendant quinze ans des fonctions dans les affaires étrangères, n'est pas applicable au fonctionnaire retiré du service avant le règlement de 1823.

Le règlement du 3 floréal an VIII, qui exige des agents diplomatiques vingt ans de travaux pour être admis à la pension de retraite, ne porte pas que les vingt années de service devront être accomplies dans des fonctions diplomatiques.

Pour établir ces années, on peut compter, par exemple, à l'agent diplomatique ses services militaires.

Il y a lieu dès lors de liquider sa pension d'après les traitements dont il a joui dans ses dernières année de service diplomatique. (Voir l'ordonnance rendue en conseil d'état le 4 mars 1830. — M, le baron Massias.)

Les pensions des agents consulaires doivent être calculées sur les grades dont ils ont été revêtus pendant les quatre dernières années de leurs services actifs, et en prenant le terme moyen des pensions fixées pour chacun de ces grades.

La jouissance des arrérages doit partir du jour où la demande de retraite a été admise, qui est le jour où le traitement d'activité a cessé. (Voir l'ordonnance rendue en conseil d'état le 15 mai 1835. — M. Fourcade.)

M. Ducaurroy, lorsqu'il fut admis à la retraite, était secré-

La présente loi, discutée, délibérée et adoptée par la chambre des pairs et par celle des députés, et sanctionnée par nous cejourd'hui, sera exécutée comme loi de l'état.

Donnons en mandement à nos cours et tribunaux, préfets, corps administratifs, et tous autres, que les présentes ils gardent et maintiennent, fassent garder observer et maintenir; et pour les rendre plus

taire-interprète du roi à Constantinople, après avoir été premier drogman. Son nouvel emploi n'existait pas à l'époque où fut arrêté le règlement sur les pensions, et il n'était pas porté sur le tarif. M. Ducaurroy fut liquidé à 5,000 fr. comme premier drogman.

En vertu du dernier paragraphe de l'art. 3 du règlement, il prétendit devoir être assimilé aux employés des bureaux et liquidé à 6,000 fr.

Cette prétention fut accueillie par le conseil d'Etat. (Ordonnance du 23 décembre 1835.)

En procédant à une nouvelle liquidation, on s'aperçut que M. Ducaurroy avait été payé, pendant plus de dix ans, non pas directement sur le trésor, comme le veut le règlement, mais sur le chapitre des *Frais de service* non passibles de retenue.

Cette période fut déclarée par le ministère inadmissible dans le calcul des services de M. Ducaurroy.

Cette décision fut l'objet du second pourvoi.

Le conseil d'état fut d'avis que les services contestés étaient valables pour la retraite, et M. Ducaurroy cumula ainsi les avantages du traitement plus élevé attribué aux emplois à l'extérieur et les avantages accordés aux employés de l'intérieur. (Voir l'ordonnance rendue en conseil d'état du 19 novembre 1839. — Note de la direction de la comptabilité des affaires étrangères.)

notoires à tous, ils les fassent publier et enregistrer partout où besoin sera ; et, afin que ce soit chose ferme et stable à toujours, nous y avons fait mettre notre sceau.

Fait au palais de Neuilly, le 12 juillet 1836.

Signé LOUIS-PHILIPPE.

DISPOSITIONS GÉNÉRALES

APPLICABLES A TOUS LES PENSIONNAIRES.

Arrêté relatif aux pensions. — 13 floréal an XI. —
(Extrait.)

Art. 4. Les pensions ne commenceront à courir
que du premier jour du semestre qui suivra leur inscription au trésor public (1).

9. Les pensions dont les arrérages n'auront pas été
réclamées pendant trois années, à compter de l'é-
chéance du payement dernier, seront censées éteintes
et ne seront plus portées dans les états de payement.
Si les pensionnaires se présentent après la révolution
desdites trois années, les arrérages n'en commenceront à courir qu'à compter du premier jour du semestre qui suivra celui dans lequel ils auront obtenu
le rétablissement de leurs pensions.

10. Les héritiers et ayants cause des pensionnaires
qui ne fourniront pas l'extrait mortuaire de leur au-
teur dans le délai de six mois, à compter de son décès,
seront déchus de tous droits aux arrérages alors dus.

Loi relative aux pensions. — 15 germinal an XI. —
(Extrait.)

Art. 1er. Il ne sera, pendant cinq ans, créé chaque

(1) D'après une décision du ministre de la' justice, en date
du...... 1831, la jouissance de la pension court du jour de la
cessation du traitement d'activité ou du décès, si la demande
est formée dans les six mois.

année de pensions que pour une somme égale à la moitié des extinctions survenues pendant l'année.

2. Aucune pension ne pourra excéder six mille francs.

3. Le fonds de pensions sera, chaque année, un article particulier de la loi sur les dépenses publiques.

4. Ne sont pas comprises dans les dispositions de l'article 1er les soldes de retraite, les anciennes pensions restant à liquider, ni les pensions à payer sur les fonds formés par des retenues faites dans diverses administrations sur les traitements des employés.

Loi de finances. — 25 mars 1817. — (Extrait.)

TITRE IV.

Dispositions relatives aux pensions.

Art. 22. Toutes les pensions à la charge du trésor seront inscrites sur le livre des pensions du trésor royal à partir du 1er juillet 1817, et payées sur les fonds généraux, suivant le mode établi pour celles précédemment inscrites au trésor et aux époques qui seront déterminées par des ordonnances. . . . .

24. L'inscription au trésor aura lieu d'après les tableaux qui seront adressés, par les ministres des différents départements, au ministre des finances. Ces tableaux devront énoncer la date et la nature de l'acte constitutif de chaque pension, ainsi que les motifs sur lesquels elle a été accordée.

25. Le ministre des finances ne pourra faire inscrire ni payer aucune pension dont la création ne serait pas justifiée comme il est prescrit ci-dessus,

ou dont le montant dépasserait le *maximum* fixé par les lois.

26. A l'avenir aucune pension nouvelle à la charge de l'état ne pourra être inscrite au trésor qu'en vertu d'une ordonnance dans laquelle les motifs et les bases légales en seront établis, et qui aura été insérée au Bulletin des lois.

27. Nul ne pourra cumuler deux pensions, ni une pension avec un traitement d'activité, de retraite ou de réforme. Le pensionnaire aura le choix de la pension ou du traitement le plus élevé.

Néanmoins, les pensions de retraite pour services militaires pourront être cumulées avec un traitement civil d'activité (1).

(1) Les questions de cumul ont été diversement résolues, comme on peut le voir par les avis suivants :

Avis du comité de législation du 23 novembre 1822 (approuvé) :

« Considérant que le sieur Laude justifie de trente et un ans quatre mois et vingt-cinq jours de services, dont vingt-sept ans cinq mois et onze jours au ministère de la justice, et trois ans onze mois et quatorze jours comme militaire ;

» Qu'il a déjà obtenu, par décret du 29 frimaire an IX, une pension de 179 francs sur les fonds généraux du trésor, pour ses services militaires, et que, dès lors, il n'y a plus lieu à récompenser que les services par lui rendus au ministère de la justice ;

» Est d'avis qu'il y a lieu de liquider la pension du sieur Laude à la somme de 1,300 francs. »

Avis du 7 août 1824 :

« Le comité de législation, etc. ;

» Considérant que le sieur Delacourt justifie de quarante-trois ans quatre mois vingt jours de services susceptibles d'être récompensés ; qu'il a dès lors un droit acquis à la pension dans

28. Sont exceptées des dispositions portées aux articles 22 et 23 ci-dessus, les traitements de réforme

les proportions fixées par l'art. 8, et dans les limites du *maximum* établi par l'art. 11 de l'ordonnance du 23 septembre 1814;

« Qu'à la vérité le sieur Delacourt jouit d'une pension ecclésiastique de 333 francs ; que, d'après un avis du comité de législation du 28 décembre 1819, les pensions de cette nature avaient été considérées comme passibles de la prohibition de cumul portée par l'art. 27 de la loi du 25 mars 1817 ;

» Considérant qu'il résulte d'une lettre de S. Exc. le ministre des finances à S. Exc. le ministre de la justice, en date du 22 juin 1824, qu'une interprétation différente de la disposition précitée a été adoptée dans le ministère des finances, et que, d'après les termes textuels de cette lettre, « les pensions » ecclésiastiques peuvent être cumulées avec toutes autres pen- » sions, soit sur le trésor, soit sur un fonds de retenue, quelle » que soit la quotité de ces pensions » ;

« Est d'avis qu'il peut être accordé au sieur Delacourt une pension de 911 francs, conformément au projet de liquidation proposé. » — Renvoyé au conseil d'état réuni en assemblée générale, pour délibérer sur la question du cumul — *Signé* PEYRONNET.

Avis du 10 novembre 1824 :

« Le conseil d'état, réuni en assemblée générale, sur le renvoi qui lui a été fait par M. le garde des sceaux d'un avis du comité de législation du 7 août 1824, relatif à la liquidation de la pension du sieur Delacourt, ancien juge au tribunal de première instance de Châlons, pour être délibéré sur la question de savoir si ladite pension peut être cumulée avec la pension ecclésiastique dont le sieur Delacourt jouit en qualité d'ancien chanoine ;

» Vu une lettre du ministre des finances relative au cumul des pensions ecclésiastiques ;

» Vu les lois de finances des 25 mars 1817 et 15 mai 1818, et les ordonnances royales des 20 juin 1817 et 8 juillet 1818 ;

» Considérant que l'art. 27 de la loi du 25 mars 1817 a prohibé d'une manière générale le cumul de deux pensions,

et les soldes de retraite aux militaires sujets à la vi-
site annuelle, lesquels continueront à faire partie des

ou d'une pension avec un traitement d'activité, de retraite ou
de réforme, sauf les exceptions spéciales qui y sont énoncées ;

» Que l'art. 13 du titre VI de la loi du 15 mai 1818 a également statué sur les pensions de toute nature, en accordant
la faculté de les cumuler jusqu'à concurrence de 700 francs,
mais que, dans l'espèce, le sieur Delacourt ayant droit, pour
quarante-trois ans de services judiciaires, à une pension de
retraite de 911 francs, ne peut profiter de la faculté de cumul
ainsi restreinte ;

» Qu'à la vérité l'ordonnance du 8 juillet 1818 autorise,
par son article 1er, les titulaires de deux pensions, l'une sur
le trésor, l'autre sur les caisses de retenue des ministères et
administrations, à ne point les réunir en une pension unique
sur les fonds du trésor, et à en jouir distinctement ; mais que
cette disposition, qui n'est relative qu'au mode de payement
desdites pensions, et qui n'a pour objet que de soulager les
caisses de retenue de la charge qui leur avait été momentanément imposée par l'art. 15 de l'ordonnance du 20 juin 1817,
ne change et ne pouvait d'ailleurs rien changer aux règles
prescrites pour le cumul par les lois de finances de 1817 et
1818 ; que d'ailleurs, en fait, cette ordonnance n'a été rendue
que pour assurer l'exécution de la dernière de ces lois ;

» Est d'avis que le sieur Delacourt a droit de cumuler la
pension ecclésiastique dont il jouit, et celle qu'il réclame sur
les fonds de retenue du ministère de la justice, mais seulement jusqu'à concurrence de 700 francs, conformément à la
loi du 15 mai 1818. »

Voyez encore l'avis sur la liquidation du sieur Dache, p. 143.

Un fonctionnaire du ministère de la justice ayant droit,
par la durée de ses services civils, au *maximum* de la pension affectée à son emploi sur le fonds spécial de retenues,
peut jouir cumulativement, avec ce *maximum*, d'une pension militaire antérieurement obtenue.

L'avis suivant, approuvé par M. le garde des sceaux,
vient de changer la jurisprudence :

dépenses du département de la guerre. Le ministre présentera, chaque année, la situation de ce service.

« Le comité de législation, sur le renvoi qui lui est fait par M. le garde des sceaux de la demande en liquidation de pension du sieur Poret, ancien chef de bureau au ministère de la justice ;

» Vu la demande et les observations du sieur Poret ;

» Vu toutes les pièces justificatives produites conformément à l'instruction ministérielle du 24 août 1824, notamment l'état de service d'où il résulte que le sieur Poret compte quarante-sept ans onze mois quatorze jours de services publics, savoir : deux ans de services militaires déjà liquidés, et récompensés en 1794 par une pension de 165 francs inscrite au trésor ; et quarante-cinq ans onze mois quatorze jours de services civils comme chef de bureau au ministère de la justice, aux appointements de 4,500 francs pendant les trois dernières années de son activité ;

» Vu la proposition de liquidation et le rapport de M. le directeur de la comptabilité du ministère de la justice, en date du 21 novembre 1840 ; l'avis du conseil d'état du 10 novembre 1824, visé dans ledit rapport ;

» Vu les art. 4, 7, 9 et 11 de l'ordonnance réglementaire du 23 septembre 1814 ;

» Vu les lois de finances des 25 mars 1817 et 15 mai 1818 ;

» Les ordonnances du roi en date des 20 juin 1817 et 8 juillet 1818 ;

» Vu les notes émanées des directeurs de la comptabilité des ministères de l'intérieur, de la guerre et des finances, en date du 3 décembre 1840, constatant que, d'après les règles suivies par ces trois départements ministériels, *un employé ayant droit, par la durée de ses services civils, au maximum de la pension affectée à son emploi sur le fonds spécial de retenues, peut jouir cumulativement, avec ce maximum, d'une pension militaire de retraite antérieurement obtenue;*

» Ensemble toutes les pièces et documents joints au dossier ;

» Considérant qu'à raison de la durée de ses services civils, aux termes de l'art. 11 de l'ordonnance du 23 septembre 1814,

29. Sont exceptées des mêmes dispositions les pensions de retraite accordées aux employés des divers ministères ou administrations et payées sur le fonds spécial des retenues.

Les pensions de cette nature qui, à raison de l'insuffisance de ce fonds, sont momentanément payées

le sieur Poret a droit au *maximum* de la pension sans avoir besoin de compter dans sa liquidation ses services militaires, *terminés et récompensés avant que les autres commençassent;*

» Que dès lors, conformément à l'art. 3 de l'ordonnance du 8 juillet 1818, les services récompensés par sa pension de retraite sur les fonds généraux du trésor, ne font pas double emploi avec ceux qu'il s'agit aujourd'hui de récompenser par une pension sur les fonds de retenues du ministère de la justice;

» Que la loi du 15 mai 1817, en posant dans l'art. 13 les limites d'un *maximum* de 700 francs pour le cumul des pensions, n'a eu en vue que les pensions sur les fonds généraux de l'État, et non celles sur les fonds de retenues;

» Que, dans le cas dont il s'agit, l'art. 1er de l'ordonnance du 8 juillet 1818 permet de jouir distinctement de deux pensions résultant de services entièrement distincts, et tombant à la charge de fonds différents;

» Que c'est dans ce sens, et d'après ce mode de procéder, que toutes les liquidations qui présentent ces deux natures de services s'opèrent aux ministères de l'intérieur et de la guerre, ainsi qu'au ministère des finances, plus particulièrement chargé du maintien rigoureux des règles en cette matière;

» Est d'avis qu'il y a lieu d'accorder au sieur Poret une pension de 3,000 francs pour ses services civils, *maximum* fixé par l'ordonnance du 23 septembre 1814, sans lui faire subir aucune défalcation à raison de sa pension militaire, liquidée antérieurement à ses services au ministère de la justice, avec jouissance à partir du 18 octobre 1840, date de la cessation de son traitement d'activité. » (9 décembre 1840)

(*Voir* p. 128 et 143).

sur le budget des ministères et administrations, seront portées temporairement au budget de l'état, en se conformant aux règles prescrites par les art. 24 et 25 ci-dessus, pour être payées par le trésor jusqu'à ce que le fonds des retenues soit en état de les acquitter. Le fonds porté pour cet objet au budget de 1817, ne pourra, dans aucun cas, être augmenté par la suite.

3o. Le fonds permanent affecté aux pensions à la charge de l'état, ne pourra excéder vingt-trois millions par année. Il sera réparti ainsi qu'il suit : pensions pour services civils, trois millions; pensions pour services militaires et soldes de retraites, vingt millions.

. . . .

33. Avant la présentation du projet de loi sur les finances pour 1818, le ministre des finances sera tenu de faire dresser et imprimer par ordre alphabétique, un tableau général de toutes les pensions à la charge de l'état, avec indication précise des noms, prénoms, lieux de naissance et de domicile de chaque pensionnaire; de la nature et de la durée des services qui ont donné lieu à la pension et de la quotité.

34. Un semblable tableau fera connaître chaque année toutes les pensions nouvelles qui auront été accordées dans l'intervalle d'une session à l'autre, sur le produit de la partie des extinctions qui y est affectée.

Ordonnance du roi qui règle le mode d'exécution du titre IV de la loi de finances du 23 mars 1817, concernant les pensions. — 20 juin 1817.

Louis, etc.;

Vu le titre IV de la loi du 23 mars 1817;

Voulant pourvoir à son exécution;

Sur le rapport de notre ministre secrétaire d'état des finances;

Notre conseil d'état entendu,

Nous avons ordonné et ordonnons ce qui suit :

Art. 1er Nos ministres feront dresser et enverront immédiatement à notre ministre secrétaire d'état des finances un état conforme au modèle ci-joint, de toutes les pensions actuellement payées sur les fonds de leur départements.

2. Notre ministre secrétaire d'état des finances, après la vérification ordonnée par l'article 25 de la loi, du 25 mars dernier, fera dresser un état général de toutes les pensions qui devront être inscrites en vertu de l'article 24 de ladite loi, et le soumettra à notre approbation.

3. A l'avenir, tout individu qui prétendra avoir droit à une pension sur le trésor royal, adressera directement, ou par l'intermédiaire de ses chefs, sa demande avec les pièces à l'appui, au ministre du département auquel il sera attaché.

Il sera tenu, dans chaque ministère, un registre où ces demandes seront portées par ordres de dates et de numéros. Cet ordre sera réglé tous les trois mois, pour les demandes parvenues pendant cet intervalle, d'après l'époque de la cessation des fonctions.

La priorité entre deux individus qui auront cessé leurs fonctions le même jour, sera déterminée par la durée des services.

Le ministre fera procéder à l'examen de la demande et des pièces justificatives; il fera ensuite réviser ce travail par le comité du conseil d'état attaché à son ministère, et à défaut du comité, par une commission spéciale composé de membres du conseil d'état; enfin il arrêtera les fixations qu'il jugera susceptibles de nous être proposées, et préparera un projet d'ordonnance qui contiendra toutes les indications prescrites par l'article 33 de la loi du 25 mars dernier.

Toutes ces propositions de pensions seront enregistrées aux ministère des finances par ordre de dates et de numéros.

Après la révision prescrite par l'article 25 de la loi du 25 mars, et à mesure qu'il se trouvera des fonds libres, notre ministre des finances renverra les projets d'ordonnance ainsi vérifiés aux ministres des autres départements, qui les soumettront à notre approbation.

. . . .

5. Tous les trois mois, notre ministre des finances présentera à notre approbation l'état général de toutes les pensions accordées par nous, suivant le mode prescrit par l'article 3 de la présente ordonnance, et qui seront dans le cas d'être inscrites.

. . . .

10. L'article 27 de la loi rendant incompatible la jouissance d'une pension avec celle d'un traitement

d'activité, de retraite ou de réforme, tous les pensionnaires seront tenus de déclarer dans leurs certificats
de vie, qu'ils n'ont aucun traitement ni aucune autre
pension ou solde de retraite, soit à la charge de l'é-
tat, soit sur les fonds de retenue des diverses administrations, ou des invalides de la marine. En cas de
fausse déclaration, la restitution des sommes indûment perçues sera poursuivie contre les délinquants,
sans préjudice des autres peines que les lois et règlements prononcent.

Comme les pensions qui seront suspendues pour
cause de mise en activité des titulaires, devront leur
être payées de nouveau à dater du jour où leur traitement d'activité cessera, ces pensions ne seront point
regardées même provisoirement comme éteintes, et il
ne pourra être disposé comme de fonds libres, de
ceux affectés à leur payement.

Conformément au chapitre IV de l'état F annexé
à la loi, les pensions qui font partie des traitements
ecclésiastiques, continueront à être acquittées comme
par le passé.

11. Les pensions militaires, définitives, connues
sous la dénomination de *soldes de retraite*, assujetties
conformément à la loi du 28 fructidor an IV, à une
retenue proportionnée à leur quotité, savoir, de deux
centimes par franc au-dessous de neuf cents francs,
et de cinq centimes à neuf cents francs et au-dessus,
devant continuer à subir la même retenue, seront
inscrites sur deux registres séparés, et auront en conséquence deux séries de numéros distinctes.

Le payement de toutes ces pensions, sans exception, sera effectué par trimestre.

Notre ministre secrétaire d'état des finances prendra les mesures nécessaires pour les faire payer dans le lieu le plus voisin du domicile des titulaires.

12. Ces titulaires seront tenus de produire des certificats de vie délivrés par les notaires certificateurs. Ces certificats seront exempts du droit de timbre, comme l'étaient précédemment ceux délivrés par les maires ; il ne sera donc rien exigé pour le prix du papier.

13. Toutes les pensions accordées jusqu'à ce jour et déjà inscrites au trésor royal, sont maintenues dans leur fixation actuelle, sauf la radiation de ce qui excéderait le maximum déterminé pour le grade des titulaires par la loi du 15 germinal an XI, le règlement du 13 septembre 1805, et la loi du 11 septembre 1807, pour les pensions civiles ; et quant aux pensions militaires, par les lois des 14 fructidor an VI, 28 fructidor an VII, 8 floréal an XI, et l'ordonnance réglementaire du 27 août 1814, ainsi que les tableaux qui y sont annexés.

Cette réduction n'est pas applicable aux pensions militaires antérieures à la Charte, lesquelles, d'après les dispositions de l'article 69, doivent conserver leur fixation intégrale.

14. Les pensions qui, pour cause d'insuffisance des fonds de retenue sur lesquels elles ont été liquidées, sont dans le cas d'être mises temporairement à la charge du trésor royal, en exécution de l'article 29 de la loi, y seront inscrites sur un livre particulier, et divisées par ministère et administration. Elles seront payées par trimestre.

15. Il ne pourra désormais être liquidé aucune

pension à la charge des fonds de retenue des diverses administrations ou des invalides de la marine, que sur la présentation d'un certificat du premier commis des finances chargé de la dette inscrite au trésor royal, constatant que le réclamant jouit ou ne jouit pas d'une pension sur les fonds généraux du trésor.

S'il en a une, elle sera confondue dans la pension à liquider sur les fonds de retenue, laquelle sera réglée sur la généralité des services du pensionnaire et produira l'extinction de la pension sur les fonds généraux.

Ces dispositions sont applicables aux pensions déjà liquidées, soit qu'elles doivent rester à la charge des fonds de retenue, soit qu'elles doivent être inscrites au trésor sur le fonds supplémentaire, ainsi qu'il est prescrit par l'article 14 de la présente ordonnance.

16. Nos ministres secrétaires d'état sont chargés, chacun en ce qui le concerne, de l'exécution de la présente ordonnance, qui sera insérée au Bulletin des lois.

Donné au château de Saint-Cloud, le 20 juin de l'an de grâce 1817, et de notre règne le vingt-troisième.

Signé Louis.

(Suit le Tableau des pensions.)

*Tableau des pensions à la charge de l'État, précédemment payées sur les fonds du ministère du
dressé en exécution de l'article 3 du titre IV de la loi de finances de 1817, pour servir à l'inscription
sur le livre des pensions du trésor royal, et être payées sur les fonds généraux, conformément à
l'article 1er du même titre.*

NUMÉROS		NOMS ET PRÉNOMS des pensionnaires.	Qualités, grades ou emplois.	NAISSANCES.		DOMICILES.	Pension annuelle.	MOTIFS de la pension.	DURÉE DES SERVICES.			LOIS, ARRÊTÉS, décrets ou ordonnances de concession.		LOI réglementaire.	OBSERVATIONS.
d'ordre.	d'inscription.			Dates.	Lieu.				Ans.	Mois.	Jours.	Nature de l'acte constitutif.	Dates.		

DISPOSITIONS GÉNÉRALES.

139

Loi de finances. — 15 mai 1818. — (Extrait.)

TITRE IV.

Dispositions sur les pensions.

Art. 12. Les pensions des vicaires généraux, chanoines, celles des curés de canton septuagénaires, et celles dont les chevaliers de Malte présents à la capitulation de l'Ile , jouissent en vertu de cette capitulation, pourront se cumuler avec un traitement d'activité, pourvu que la pension et le traitement ne s'élèvent pas ensemble à plus de 2,500 fr.

Les pensions des académiciens et hommes de lettres attachés à l'instruction publique, à la bibliothèque du roi, à l'observatoire ou au bureau des longitudes, pourront (lorsqu'elles n'excéderont pas 2,000 f. et jusqu'à concurrence de cette somme si elles l'excédaient), se cumuler avec un traitement d'activité, pourvu que la pension et le traitement ne s'élèvent pas ensemble à plus de 6,000 fr.

13. Pourront également se cumuler les pensions et traitements de toute nature qui, réunis, n'excéderaient pas sept cents francs, et seulement jusqu'à concurrence de cette somme (1).

Sont spécialement exceptées de la disposition des lois prohibitives du cumul, les pensions ci-après accordées avec faculté expresse du cumul, savoir; celle

____

(1) *Voir* la note placée sous l'art. 27 de la loi du 25 mars 1817, page 128 et 177.

de 6,000 fr. au sieur Gayant, inspecteur du corps royal des ponts et chaussées ; celle de 4,000 fr., au sieur Jaubert, professeur à la Bibliothèque royale et celle de 3,000 fr., au sieur Larrey, chirurgien en chef de l'hospice de la Garde royale.

14. Tout pensionnaire sera tenu de déclarer dans son certificat de vie qu'il ne jouit d'aucun traitement sous quelque dénomination que ce soit, ni d'aucune autre pension ou solde de retraite, soit à la charge de l'état, soit sur les fonds de la caisse des invalides de la guerre ou de celle de la marine, sauf les cas d'exception déterminés par les articles qui précèdent et par l'article 27 de la loi du 25 mars 1817, relatif aux pensions de retraite pour services militaires.

15. Ceux qui par de fausses déclarations ou de quelque manière que ce soit, auraient usurpé plusieurs pensions ou un traitement avec une pension, seront rayés de la liste des pensionnaires. Ils seront en outre poursuivis en restitution des sommes indûment perçues.

16. Les pensions de retraite accordées aux employés des divers ministères ou administrations relativement auxquelles il a été ordonné par l'article 29 de la loi du 25 mars, qu'elles seraient portées temporairement au budget de l'état, seront payées sur le fonds spéciale des retenues qui ont lieu dans chaque ministère ou administration.

. . . .

20. Il est défendu d'augmenter de toute autre manière qu'en vertu d'une loi, le produit des fonds de

retenue des ministères ou administrations, par des prélèvements sur les fonds généraux ou sur les produits de ces ministères et administrations, de quelque nature qu'ils soient.

Néanmoins sur le fonds attribué au service ordinaire des affaires étrangères, il pourra être employé jusqu'à concurrence de 200,000 fr. en traitements d'agents diplomatiques dont l'activité est temporairement suspendue.

21. Les demi-soldes des officiers qui, *aux termes des lois et règlements militaires*, sont ou seront dans le cas d'être admis à la retraite pourront être converties en soldes de retraite, lesquelles seront payées sur le fonds des demi-soldes, en attendant qu'elles puissent être inscrites au trésor dans l'ordre et les proportions déterminés par les article 30 et 32 de la loi du 25 mars 1817.

Il pourra être également accordé aux officiers en non activité qui feront volontairement dans les six mois de la publication de la présente loi, leur renonciation au service, des traitements de réforme dont la durée sera fixée proportionnellement au temps de leur service et qui seront payés jusqu'à extinction sur le fonds des demi-soldes.

Ces soldes de retraite et traitements de réforme pourront être cumulés avec un traitement civil.

Ordonnance du roi concernant le cumul des pensions inscrites au trésor royal, avec celles accordées sur des fonds de retenue.—8 juillet 1818.

Louis, etc.;

Voulant fixer l'application de la loi du 15 mai 1818, sur le cumul des pensions :

Oui le rapport de notre ministre secrétaire d'état des finances. — Notre conseil entendu. — Nous avons ordonné et ordonnons ce qui suit :

Art. 1er. Les titulaires de deux pensions, l'une sur le trésor, et l'autre sur la caisse de retenue des ministères et administrations, ne seront plus obligés de les faire réunir en une pension unique sur les caisses de retenue, et pourront en jouir distinctement à compter du 1er avril dernier (1).

2. Les réunions de pensions faites sur lesdites caisses de retenue, en exécution de l'art. 15 de l'ordonnance du 20 juin 1817, subsisteront; les pensions rayées

(1) Le sieur Dache, jouissant d'une pension militaire, demandait la liquidation de ses services comme huissier du conseil d'état. Une pension militaire se trouvait ainsi cumulée avec une pension sur le fonds de retenue. Le mode de liquidation suivant a été adopté : « Considérant qu'aux termes « de l'art. 1 de l'ordonnance du 8 juillet 1818 le payement de » la pension militaire doit continuer à être imputé sur les » fonds généraux du trésor, et qu'on ne peut soumettre les » services militaires du sieur Dache à nouvelle liquidation ;— » Considérant que l'existence de ladite pension ne s'oppose en » rien à ce que les services civils du sieur Dache soient récompensés et liquidés suivant l'ordonnance du 23 septembre 1814. » (Avis du 7 décembre 1837.)

Voir la note placée sous l'art. 27 de la loi du 25 mars 1817.

au trésor pour être réunies à celles sur fonds de retenue, seront réinscrites au trésor si la réunion n'est pas consommée à la date de la présente.

3. Nul pensionnaire n'obtiendra, toutefois, la réinscription au trésor qu'en administrant la preuve que les services récompensés par la pension à réinscrire ne font pas double emploi avec ceux récompensés par la pension sur fonds de retenue, et qu'ils ont fini avant que les autres commençassent.

4. La remise en activité d'un employé jouissant d'une pension sur fonds de retenue, fera cesser ladite pension tant qu'il sera en possession d'un traitement aux frais de l'état. Les derniers services seront ajoutés aux anciens dans la liquidation de la pension nouvelle à laquelle il aura droit.

5. Nos ministres, etc.

Signé Louis.

Ordonnance du roi qui déclare incessibles et insaisissables les pensions affectées sur les fonds de retenue. — 27 août 1817.

Louis, etc. ;

Vu la déclaration du 7 janvier 1779 ;

Vu la loi du 22 floréal an vii ;

Vu l'arrêté du gouvernement du 7 thermidor an x ;

Vu les différents règlements concernant les pensions de retraite affectées sur les fonds de retenue ;

Considérant qu'aux termes des lois les pensions payées par l'état sont incessibles et insaisissables ; que les pensions sur fonds de retenue sont essentiellement de même nature que celles acquittées directement par le trésor royal, et conséquemment qu'elles sont soumises à la même législation;

Notre conseil d'état entendu,

Nous avons ordonné et ordonnons ce qui suit:

Art. 1er. Il ne sera reçu aucune signification de transport, cession ou délégation de pensions de retraite affectées sur des fonds de retenue.

2. Le payement desdites pensions ne pourra être arrêté par aucune saisie ou opposition, à l'exception des oppositions qui pourraient être formées par le propriétaire du brevet de la pension (1).

3. Nos ministres secrétaires d'état aux différents départements sont chargés, chacun en ce qui le concerne, de l'exécution de la présente ordonnance.

Donné à Paris, en notre château des Tuileries, le

(1) Art. 580 du Code de procédure civile, « Les traitements « et pensions dus par l'état ne pourront être saisis que pour « la portion déterminée par les lois ou par les réglements et « ordonnances royaux. »

Un arrêté du 7 thermidor an x porte, art. 3 : « Les créan- « ciers d'un pensionnaire ne pourront exercer qu'après son « décès et sur le décompte de la pension, les poursuites et di- « ligences nécessaires pour la conservation de leurs droits. » (*Bulletin des Lois.*)

Un avis du conseil d'état du 23 janvier 1808, approuvé le 2 février suivant, décide, conformément à la déclaration du 7 janvier 1779, que les pensions sont inaliénables, et que les individus qui les auraient vendues doivent être réintégrés dans cette propriété. (*Bulletin des Lois.*)

Un autre avis du 22 décembre 1807, approuvé le 11 janvier 1308, porte qu'on peut ordonner une retenue du tiers au plus sur la pension de tout individu qui ne remplirait pas à l'égard de sa femme et de ses enfants les obligations qui lui sont imposées par le Code civil. (*Bulletin des Lois.*)

10

27 août de l'an de grâce 1817, et de notre règne le vingt-troisième.

Signe Louis.

Article 120 de l'ordonnance du 31 mai 1838.

Les titulaires de pensions sur l'état autres que les pensions militaires, en conservent la jouissance, quoique domiciliés hors du royaume, et ne sont pas tenus de se pourvoir d'une autorisation de résidence à l'étranger.

Instruction ministérielle. — 24 août 1824.

INSTRUCTIONS RELATIVES:

1° *Aux demandes de pensions et secours formées par les officiers des cours et tribunaux, leurs veuves ou orphelins;*
2° *Aux pièces justificatives à produire;*
3° *Aux certificats de notoriété;*
4° *Au mode de payement des pensions et secours;*
5° *Enfin à la manière dont les extinctions doivent être constatées.*

Des demandes de pensions ou secours.

Art. 1er. Les demandes de pensions formées par les membres des cours royales et leurs veuves, les demandes de secours formées par les orphelins, seront remises, accompagnées des pièces justificatives, au procureur général.

Les demandes des membres des tribunaux de première instance, des juges de paix, de leurs veuves ou orphelins, seront remises, avec les pièces à l'appui, au procureur du roi du tribunal de première instance.

Le procureur du roi, après s'être assuré de la régularité des pièces, les transmettra au procureur général du ressort.

Lorsque ces formalités auront été remplies, le procureur général enverra le tout au ministère de la justice, avec ses observations et son avis motivé.

Des pièces à produire par les magistrats.

2. Pour justifier de leurs droits à la pension, les magistrats devront produire, à l'appui de leur demande :

1° Leur acte de naissance;

2° Un état de leurs services, dressé conformément au modèle ci-joint, n° 1ᵉʳ;

3° Des certificats, *légalisés par qui de droit*, constatant, d'une manière *claire et précise*, le jour de l'entrée en exercice et celui de la cessation de chacun des services.

Ces certificats seront délivrés, pour les services législatifs, par le garde des archives du royaume, ou par le garde des archives de la chambre des députés.

Pour les services judiciaires, par le greffier en chef de la cour ou du tribunal où les registres sont déposés. Le greffier devra en outre faire mention du traitement dont le magistrat aura joui pendant les trois dernières années de son exercice dans la cour ou le tribunal dont il faisait partie au moment de la cessation de son service. Lorsqu'il s'agira de services judiciaires rendus avant la loi du 11 septembre 1790, portant suppression des anciens tribunaux, le certificat devra encore énoncer, d'une manière positive, si la juridiction était royale ou seigneuriale.

Pour les services administratifs (1), par le chef de l'administration à laquelle le magistrat aura appartenu, ou par le secrétaire général en fonctions. Le certificat devra également indiquer si ces services étaient rétribués par un traitement à la charge de l'état.

Enfin, pour les services rendus dans les armées de terre ou de mer, par les chefs du ministère de la guerre ou de la marine, pour ce autorisés, ou par la production d'un congé ou d'une dispense de service.

4° Un certificat du premier commis des finances, chargé de la dette inscrite au trésor royal, constatant que le réclamant ne jouit d'aucune pension sur les fonds du trésor (2).

5° Une déclaration du réclamant, portant qu'il ne jouit d'aucune pension sur les fonds de retenue des divers ministères ou administrations publiques. Dans le cas où il en aurait une, en faire connaître le montant, ainsi que les services pour lesquels cette pension aura été accordée.

6° Enfin une déclaration d'élection de domicile.

3. Le magistrat qui ne comptera pas trente années de services susceptibles d'être récompensés par une pension, et qui n'aura pas été admis à la retraite en exécution de la loi du 16 juin 1824, ou qui n'aura pas demandé à cesser son service en vertu de cette même

____

(1) *Voir* p. 156.

(2) Si le réclamant jouissait d'une pension sur le trésor, le certificat en fera mention.

Ce certificat sera demandé directement au trésor par les bureaux du ministère de la justice.

loi, en justifiant de ses infirmités, devra produire, indépendamment des pièces indiquées dans l'article 2, un certificat de deux officiers de santé constatant les infirmités dont il était atteint au moment où il a cessé son service.

Le procureur général de la cour royale du ressort, en envoyant la demande et les pièces de ce magistrat, donnera des renseignements positifs sur ses moyens d'existence, et fera connaître si une pension lui est nécessaire.

Des formalités à remplir et des pièces à produire par les veuves. — Des veuves ayant droit à une pension.

4. Lorsque la veuve d'un magistrat aura droit à une pension, en vertu de l'article 1er de l'ordonnance du roi en date du 17 août 1824 (1), elle devra en justifier par la production des pièces indiquées ci-après :

1° Son acte de naissance ;

2° Son acte de mariage ;

3° L'acte de décès de son mari ;

4° Une déclaration portant qu'il n'existe pas de

(1) Article 1er de l'ordonnance du 17 août 1824 : « La » veuve d'un magistrat aura droit à une pension sur les fonds » de retenue du ministère de la justice : 1° lorsqu'au moment » du décès de son mari, celui-ci avait trente ans de services » susceptibles d'être récompensés, soit que la pension du mari » ait été liquidée, ou que la liquidation n'en ait pas encore » été faite ; 2° lorsque son mari est décédé jouissant d'une » pension de retraite concédée pour moins de trente ans de » services et liquidée postérieurement à la publication de la » présente ordonnance. »

séparation de corps prononcée sur la demande de son mari (1);

5° Le certificat d'inscription sur le registre des pensionnaires du ministère de la justice, de la pension qui avait été accordée à son mari (2);

6° Un certificat du premier commis des finances chargé de la dette inscrite au trésor royal, constatant qu'elle ne jouit d'aucune pension sur les fonds généraux du trésor (3);

7° Une déclaration portant qu'elle ne jouit d'aucune pension sur les fonds de retenue des divers ministères ou administrations publiques. Dans le cas où elle en aurait une, en faire connaître le montant, ainsi que les services pour lesquels cette pension aura été accordée;

8° Enfin une déclaration d'élection de domicile.

Des veuves auxquelles une pension peut être accordée.

5. La veuve d'un magistrat qui se croira fondée à

(1) Une simple déclaration de la veuve suffit ; tandis que l'ordonnance du 16 octobre 1822, relative aux veuves de militaires, et celle du 12 janvier 1825, sur les pensions du ministère des finances, exigent une justification authentique de non divorce, ni séparation de corps.

(2) Si, au moment du décès du mari, sa pension n'avait pas encore été liquidée, la veuve devra fournir un état des services de son mari, dressé conformément au modèle ci-annexé sous le n° 2, et les certificats de services; lesquels certificats devront être délivrés dans la forme prescrite par le n° 3 de l'article 2 des présentes.

(3) Si elle jouit d'une pension sur le trésor, le certificat en fera mention. Ce certificat sera demandé directement au trésor par les bureaux du ministère de la justice.

réclamer une pension, aux termes de l'article 3 de l'ordonnance du roi en date du 17 août 1824 (1), devra, conformément à l'article 4 de cette ordonnance, justifier de la quotité de ses moyens d'existence, de la manière indiquée par l'article 1ᵉʳ de l'ordonnance du 16 octobre 1822, ainsi conçu :

« La veuve se présentera devant le juge de paix du
» canton où est situé son domicile légal ; elle fera de-
» vant lui la déclaration de ses revenus à l'époque du
» décès de son mari, et joindra à l'appui de sa décla-
» ration les extraits d'inventaire et autres documents
» authentiques qui peuvent servir à la vérifier.

» Cette déclaration sera par elle affirmée sous la
» foi du serment, sous peine, en cas de fausse dé-
» claration, de voir rayer la pension inscrite et d'être
» poursuivie en restitution des arrérages indûment
» perçus ; le tout sans préjudice des peines plus graves
» prononcées par les lois.

» Le juge de paix dressera procès-verbal de la dé-
» claration et du serment, et y annexera les pièces à
» l'appui. »

Indépendamment du procès-verbal du juge de

----

(1) Article 3 de l'ordonnance du 17 août 1824 : « La veuve
» d'un magistrat décédé en activité et ayant moins de trente
» ans, mais plus de dix ans de service dans l'ordre judiciaire,
» pourra obtenir une pension sur les fonds de retenue, en
» justifiant que cette pension lui est nécessaire.

» Il en sera de même de la veuve d'un magistrat décédé en
» retraite et qui jouissait d'une pension liquidée pour moins
» de trente ans de services avant la promulgation de la pré-
» sente ordonnance. »

paix et des pièces à l'appui, les demandes de pensions seront encore accompagnées :

1° De l'acte de naissance de la veuve;

2° De son acte de mariage;

3° De l'acte de décès de son mari;

4° D'un état des services du mari, dressé conformément au modèle ci-joint, n° 2;

5° D'une déclaration de la veuve, portant qu'il n'existe pas de séparation de corps prononcée sur la demande de son mari;

6° Des certificats des services du mari, lesquels certificats devront être délivrés dans la forme prescrite par le n° 3 de l'art. 2 des présentes instructions (1);

7° Un certificat du premier commis des finances, chargé de la dette inscrite au trésor royal, constatant que la veuve ne jouit d'aucune pension sur les fonds généraux du trésor (2);

8° Une déclaration de la veuve, portant qu'elle ne jouit d'aucune pension sur les fonds de retenue des divers ministères ou administrations publiques. Dans le cas où elle en aurait une, en faire connaître le montant, ainsi que les services pour lesquels cette pension aurait été accordée;

9° Enfin une déclaration d'élection de domicile.

(1) Si le mari est décédé jouissant d'une pension, il ne sera point nécessaire de fournir des certificats, ni l'état indiqué sous le n° 1er; mais il faudra les remplacer par le certificat d'inscription de cette pension sur le registre des pensionnaires du ministère de la justice.

(2) Voir l'observation qui se rattache au n° 6 de l'art. 4.

Des formalités à remplir par les orphelins qui demanderont
des secours, et des pièces à produire.

6. Les tuteurs qui croiront pouvoir réclamer des
secours pour leurs pupilles, dans les cas prévus par
l'article 13 de l'ordonnance du 23 septembre 1814 et
l'article 10 de celle du 17 août 1824, se conforme-
ront, comme le prescrit l'article 11 de cette dernière
ordonnance, à l'article 2 de celle du 16 octobre 1822,
ainsi conçu : « Les tuteurs des orphelins justifieront
» (de la même manière que pour les veuves, et sous
» les mêmes peines) des revenus de leurs pupilles à
» l'époque où se sont ouverts leurs droits à la pen-
» sion, soit par le décès du père, soit par le décès ou
» l'incapacité légale de la mère. »

Les orphelins, lorsqu'ils seront majeurs et atteints
d'infirmités graves et incurables, feront eux-mêmes
la justification dont il vient d'être parlé.

Indépendamment de cette justification, les tuteurs
ou les orphelins devront encore produire avec leur
demande :

1° Leur acte de naissance ;

2° Un état des services de leur père, dressé d'après
le modèle ci-après annexé, n° 3 (1);

3° L'acte de décès de leurs père et mère ;

4° Certificat de services de leur père, lesquels cer-

______

(1) Si le père ou la mère est décédé jouissant d'une pension, les orphelins ou leurs tuteurs n'auront pas à fournir cet
état, ni les certificats de services indiqués sous le n° 4, mais
ils devront les remplacer par le certificat constatant l'inscription de la pension accordée au dernier survivant, sur les registres des pensionnaires du ministère de la justice.

tificats devront être délivrés dans la forme prescrite par le n° 3 de l'art. 2 des présentes instructions ;

5° Certificat du premier commis des finances, chargé de la dette inscrite au trésor royal, constatant que les orphelins ne jouissent ni de pensions ni de secours sur les fonds généraux du trésor (1) ;

6° Une déclaration du tuteur, portant, 1° que les pupilles ne jouissent ni de pensions ni de secours sur les fonds de retenue des divers ministères ou administrations publiques, et, dans le cas où ils en jouiraient, ils devront en indiquer le montant, ainsi que les causes qui les leur auraient fait obtenir ; 2° qu'ils ne sont point élevés dans un établissement à la charge de l'état ; 3° une déclaration d'élection de domicile (2) ;

7° Si les orphelins sont affligés d'infirmités graves et incurables, ils devront en justifier par un certificat de deux médecins.

Des certificats de notoriété.

7. Un certificat de notoriété n'est valable, pour justifier la nature et la durée des services, qu'autant que le réclamant prouve, au moyen d'un certificat délivré par l'autorité compétente, qu'il est dans l'impossibilité de fournir la preuve directe de ces services.

Des rectifications à faire, s'il y a lieu, dans les pièces produites.

8. Dans le cas où les pièces produites par ceux qui

(1) Voir l'observation qui se rattache au n° 4 de l'article 2 des présentes.

(2) Ces déclarations seront faites par les orphelins, lorsqu'ils seront majeurs.

demanderont une pension ou un secours, présente-
raient des différences, soit dans l'orthographe des
noms, soit dans l'ordre ou le nombre des prénoms,
soit dans l'indication des dates et lieux de naissance,
ces différences devront être expliquées dans un acte
d'individualité fait, sur l'attestation de trois témoins
au moins, devant le juge de paix du canton de la résidence du réclamant.

Du mode de payement des pensions.

9. Les pensions sont payées par trimestre :

À Paris, par la caisse des dépôts et consignations ;

Dans les départements, par les receveurs généraux
ou leurs préposés.

Lors de chaque payement, les pensionnaires doivent produire :

1° Un certificat de vie (1) ;

2° Leur certificat d'inscription sur le registre des
pensionnaires du ministère de la justice.

Du mode de payement des secours.

10. Les secours accordés aux orphelins se payent

(1) Article 10 de l'ordonnance du 20 juin 1817 : « L'ar-
» ticle 27 de la loi (23 mars 1817) rendant incompatible la
» jouissance d'une pension avec celle d'un traitement d'acti-
» vité, de retraite ou de réforme, tous les pensionnaires se-
» ront tenus de déclarer, dans un certificat de vie, qu'ils
» n'ont aucun traitement ni aucune pension ou solde de re-
» traite, soit à la charge de l'état, soit sur les fonds de rete-
» nue des diverses administrations ou des invalides de la
» marine. En cas de fausse déclaration, la restitution des
» sommes indûment perçues sera poursuivie contre les délin-
» quants, sans préjudice des autres peines que les lois et rè-
» glements prononcent. »

de la même manière et aux mêmes époques que les pensions, sur la présentation d'un certificat de vie et du mandat de payement qui leur est délivré par le ministère de la justice.

Des extinctions.

11. Tous les trois mois, les procureurs du roi près les tribunaux de première instance feront connaître au ministère de la justice les extinctions survenues dans le nombre des pensionnaires domiciliés dans leurs arrondissements : à cet effet, il leur sera adressé un état desdits pensionnaires.

Ils enverront un extrait de l'acte de décès.

Fait à Paris, en l'hôtel de la chancellerie de France, le 24 août 1824.   *Signé* comte DE PEYRONNET.

———

Les services rendus dans les bureaux du *parquet de la commune de Paris*, de 1791 à 1794, sont-ils admissibles ?
(Liquid. Bachelot, comité de législ.   1841.)

La commune de Paris avait dans ses attributions des fonctions propres à l'administration générale de l'état.

L'art. 52 de la loi organique du 21 mai—27 juin 1790 porte :

« Parmi les fonctions propres à l'administration générale,
» la municipalité de la capitale pourra avoir par délégation,
» et sous l'autorité de l'administration du département de Paris:
» 1° La direction de tous les travaux publics, dans le res-
» sort de la municipalité, qui ne seront pas à *la charge de la*
» *ville*; 2° la direction des établissements publics qui *n'appar-*
» *tiennent pas à la commune, ou qui ne sont pas entretenus*
» *de ses deniers*; 3° la surveillance et l'agence nécessaires à la
» conservation des propriétés nationales; 4° l'inspection di-
» recte des travaux de réparations ou reconstructions des
» églises, presbytères et autres objets relatifs au service du
» culte. »

MODÈLE N° 1er.

État des services de M. (indiquer ici les nom, prénoms et qualités), *né à   ,
département d   , le   et pour lesquels il réclame
une pension sur les fonds spéciaux de retenue du ministère de la justice.*

NUMÉROS des pièces justificatives.	DÉSIGNATION des services civils et militaires.	DATE		MOTIFS de la cessation du service.	DURÉE DES SERVICES			OBSERVATIONS.
		de l'entrée en exercice.	de la cessation des fonctions.		judiciaires.	législatifs et administratifs.	militaires.	
					Ans. Mois. J.	Ans. Mois. J.	Ans. Mois. J.	
				Total . . .				

Certifié sincère et véritable, et conforme aux pièces produites à l'appui de ma demande d'une pension.

A   ce

Vu par nous, procureur général près la cour royale séant à

A   ce

MODÈLE N° 2.

État des services de M. (indiquer ici les nom, prénoms et qualités), *décédé le   , et pour lesquels la dame* (indiquer ici les nom et prénoms), *sa veuve, née à   , département d   , le   , mariée le   , demandé une pension sur les fonds spéciaux de retenue du ministère de la justice.*

(Même cadre, même certifié et même visa que ci-dessus).

MODÈLE N° 3.

État des services de M. (indiquer ici les nom, prénoms et qualité), *décédé le   , et pour lesquels M.* (indiquer ici les nom et prénoms), *son fils (ou sa fille), né à   , département d   , le   , demande un secours sur les fonds spéciaux de retenue du ministère de la justice.*

(Même cadre que celui du modèle n° 1er.)

Certifié sincère et véritable, et conforme aux pièces produites à l'appui de ma demande de secours.

A   ce

Vu par nous, procureur général près la cour royale séant à

A   ce

EXTRAITS

NÉCESSAIRES POUR LIQUIDER DES SERVICES MILITAIRES
MÉLÉS A DES SERVICES CIVILS.

———

Loi sur les pensions de l'armée de terre. — 11 avril
1831.

LOUIS-PHILIPPE, etc.;

. . . .

Art. 2. Les années de service, pour la pension
militaire de retraite, se comptent de l'âge où la loi
permet de contracter un engagement volontaire.

. . . .

5. Il est compté quatre années de service effectif,
à titre d'études préliminaires, aux élèves de l'école
polytechnique, au moment où ils entrent comme officiers dans les armes spéciales.

6. Le temps passé hors de l'activité, avec jouissance
d'une pension de retraite, ne peut entrer dans la supputation du service effectif.

Il en est de même du temps pendant lequel une
pension militaire aura été cumulée la solde d'activité
dans les corps détachés de la garde nationale, comme
auxiliaires de l'armée, à moins que le pensionnaire
n'ait acquis dans ces corps, et par les causes énoncées
au titre II ci-après, des droits à une pension plus élevée, ou qu'il n'y ait fait campagne, auquel cas il jouira
du bénéfice de l'article 7.

7. Les militaires qui auront le temps de service exigé par les articles précédents pour la pension d'ancienneté, seront admis à compter en sus les années de campagne d'après les règles suivantes :

Sera compté pour la totalité, en sus de sa durée effective, le service militaire qui aura été fait :

1° Sur le pied de guerre ;

2° Dans un corps d'armée occupant un territoire étranger, en temps de paix ou de guerre ;

3° A bord, pour les troupes embarquées en temps de guerre maritime :

4° Hors d'Europe, en temps de paix, pour les militaires envoyés d'Europe : le même service en temps de guerre leur sera compté pour le double en sus de sa durée effective.

Sera compté de la même manière le temps de captivité, à l'étranger, des militaires prisonniers de guerre.

Sera compté pour moitié en sus de sa durée effective :

1° Le service militaire sur la côte en temps de guerre maritime ;

2° Le service militaire à bord, pour les troupes embarquées en temps de paix.

8. Dans la supputation des bénéfices attachés aux campagnes par l'article 7, chaque période dont la durée aura été moindre de douze mois, sera comptée comme une année accomplie.

Néanmoins il ne peut être compté plus d'une année de campagne dans une période de douze mois.

La fraction qui excédera chaque période dont la

durée aura été de plus d'une année, sera comptée comme une année entière.

Fixation de la pension d'ancienneté.

9. Après trente années de service effectif, les militaires ont droit au minimum de la pension d'ancienneté déterminée pour leur grade par le tarif annexé à la présente loi.

Chaque année de service au delà de trente ans et chaque année de campagnes, supputées selon les articles 7 et 8, ajoutent à la pension un vingtième de la différence du minimum au maximum.

Le maximum est acquis à cinquante ans de service campagnes comprises.

10. La pension d'ancienneté se règle sur le grade dont le militaire est titulaire.

Si néanmoins il demande sa retraite avant d'avoir au moins deux ans d'activité dans ce grade, la pension se règle sur le grade immédiatement inférieur.

. . . .

18. La pension pour cause de blessures ou infirmités se règle sur le grade dont le militaire est titulaire.

. . . .

29. Le service militaire antérieur à la promulgation de la présente loi ne pourra être compté au-dessous de l'âge de quatorze ans, pour les tambours et trompettes, et de l'âge de seize ans, tant pour les autres militaires que pour les élèves des écoles spéciales, sauf le cas prévu par l'article 5.

30. Les trois années de service effectif accordées

à titre d'études préliminaires, en vertu des lois des 15 décembre 1790 et 27 avril 1791, aux officiers des corps de l'artillerie, du génie et des ingénieurs-géographes qui n'ont pas été élèves de l'école polytechnique, continueront de leur être comptées pour la pension de retraite.

31. Tous les droits acquis en vertu de dispositions antérieures à la présente loi, relativement aux services susceptibles d'être admis dans la liquidation des pensions militaires, sont conservés, sauf les restrictions spécifiées dans l'article suivant.

32. Les services hors des armées nationales, qui ne sont devenus admissibles pour la pension de retraite qu'en vertu des ordonnances des 25 et 31 mai 1814, ne pourront être comptés qu'autant qu'ils seront accompagnés de quinze ans au moins de service effectif dans les armées nationales.

Dans aucun cas, les campagnes faites dans le cours desdits services ne donneront lieu au bénéfice des articles 7 et 8.

Les années de service et les campagnes dans les armées des états en guerre contre la France ne seront jamais comptées pour la pension.

Toutefois les droits acquis par les traités ou les décrets antérieurs à 1814 sont maintenus.

33. Est réputé temps d'activité, pour le bénéfice de l'article 11, 1° le temps passé avec jouissance de la solde de non-activité régie par les ordonnances des 20 mai 1818 et 5 mai 1824 ; 2° le temps passé en réforme suivant les règles posées par les ordonnances des 5 février 1823 et 8 février 1829.

34. Les dispositions de la présente loi seront ap-

pliquées à toutes les pensions non inscrites, avant sa promulgation, au livre de la dette publique.

Sont néanmoins réservés les droits acquis avant la promulgation de la présente loi, en vertu des règlements d'organisation, aux militaires de l'ex-garde royale, de la ci-devant maison militaire, des divers corps spéciaux et de l'intendance militaire, en ce qui concerne les avantages qui leur étaient attribués pour la liquidation de la pension de retraite.

A la charge par lesdits militaires de faire, dans le délai de six mois, à partir de la promulgation de la présente loi, sous peine de déchéance, leur demande d'admission à la pension de retraite.

35. Dans tous les cas, le tarif annexé à la présente loi sera seul appliqué dans la fixation des pensions.

Les campagnes seront également supputées conformément aux dispositions de la présente loi.

Continuera néanmoins d'être observé le décret du 21 octobre 1805, qui compte le mois de vendémiaire an XIV pour une campagne entière.

Voyez, pour toutes les questions qui peuvent naître de ces articles, le *Manuel des pensions de l'armée de terre*.

(Suit le Tableau du tarif des pensions.)

TARIF DES PENSIONS POUR L'ARMÉE DE TERRE.

GRADES.	Minimum à trente ans de service effectif.	Accroissement pour chaque année de service effectif au delà de trente ans, et pour chacun des grades au-dessus de la supputation des campagnes.	
	f.	f.	c.
Chef de bataillon, d'escadron, major	1,500		
Capitaine	1,200		
Lieutenant	800		
Sous-lieutenant	600	20	
Adjudant sous-officier. Secrétaire archiviste de place (s'il n'est pas officier). Portier-consigne de 1re classe dans les places de guerre.	400	10	
Sergent-major, maréchal-des-logis chef. Tambour-major, trompette-major (maréchal-des-logis trompette). Portier-consigne de 2e classe dans les places de guerre. Gardien de batterie.	300	10	
Sergent, maréchal-des-logis. Maître-ouvrier dans les corps de troupes. Portier-consigne de 3e classe dans les places de guerre, et portier-consigne des parcs de construction du train des équipages militaires.	250	7	50
Caporal, brigadier	220	6	
Soldat de toute arme. Instrumentiste, tambour, trompette, clairon. Batelier, aide-portier-consigne.	200	5	
Garde d'artillerie et des équipages militaires de 1re et de 2e classes. Garde du génie de 1re classe. Chef ouvrier d'état d'artillerie, du génie et des équipages militaires. Maître artificier.	800	20	
Garde du génie de 2e classe. Garde d'artillerie et des équipages militaires de 3e classe. Conducteur d'artillerie. Sous-chef ouvrier d'état d'artillerie, du génie et des équipages militaires. Garde du génie de 3e classe.	600	20	
Garde des équipages militaires de 4e classe.	400	10	
Ouvrier d'état d'artillerie, du génie ou des équipages militaires.	250	7	50
Maître-ouvrier dans les manufactures d'armes de guerre, forges et fonderies.	250	7	50
Ouvriers idem.	200	5	

Suite du Tarif des pensions pour l'armée de terre.

GRADES.	Minimum à trente ans de service effectif.	Accroissement pour chaque année de service effectif au delà de trente ans, et pour chaque année résultant de la supputation des campagnes.	
	f.	f.	c.
Sous-intendant militaire	2,400	30	»
Sous-intendant militaire adjoint	1,500	25	»
Médecin, chirurgien et pharmacien { principal	1,800	30	»
major	1,500	25	»
aide-major	800	20	»
sous-aide-major	600	20	»
Administration des hôpitaux { Officier principal d'administration	1,800	30	»
Officier comptable	1,500	25	»
Adjudant de 1re et 2e classes	800	20	»
Sous-adjudant	600	20	»
Infirmier-major entretenu	250	7	50
Infirmier entretenu	220	6	»
Vétérinaire en premier	400	10	»
Vétérinaire en second	300	10	»
Service de l'habillement et du campement { Agent principal	1,800	30	»
Agent comptable	1,500	25	»
Commis	800	20	»
Inspecteur aux revues	3,000	50	»
Sous-inspecteur aux revues	2,400	30	»
Adjoint aux sous-inspecteurs aux revues	1,200	30	»
Commissaire ordonnateur	2,400	60	»
Commissaire des guerres	1,200	30	»
Adjoint aux commissaires des guerres	800	20	»

*Loi du 18 avril 1831, sur les pensions de l'armée
de mer (1).*

Louis-Philippe, etc. ;

Art. 1er. Le droit à la pension de retraite d'ancienneté est acquis, pour les officiers de la marine et pour
les marins de tous les grades, à vingt-cinq ans accomplis de service effectif.

Dans les autres corps de la marine, le même droit
est acquis à trente ans accomplis de service effectif.

Toutefois les individus de ces derniers corps qui
réuniraient, ou six ans de navigation sur les vaisseaux
de l'état, ou neuf ans tant de navigation sur lesdits
vaisseaux que de service dans les colonies, seront as-
similés aux marins. Mais dans aucun cas le service
des colonies ne motivera de réduction sur la durée
légale des services que pour les individus envoyés
d'Europe.

2. Les années de service effectif pour la pension de
retraite se comptent de l'âge de seize ans.

. . . .

5. Il est compté quatre années de service effectif
à titre d'études préliminaires, aux élèves de l'école
polytechnique, au moment où ils entrent dans les
corps de la marine.

Est aussi compté comme service effectif le temps
passé à l'école navale, à partir de l'âge de seize ans.

6. Le temps passé hors de l'activité, avec jouissance

(1) Les services dans la marine sont comptés séparément,
comme les services dans l'armée de terre. (Comité de législation, liquidation Dubignon, 23 décembre 1840.)

d'une pension de retraite, ne peut entrer dans la supputation du service effectif.

Il en est de même du temps pendant lequel une pension aura été cumulée avec la solde d'activité dans les corps détachés de la garde nationale, comme auxiliaires de l'armée, à moins que le pensionnaire n'ait acquis dans ces corps, et par les causes énoncées au titre II ci-après, des droits à une pension plus élevée, ou qu'il n'y ait fait campagne, auquel cas il jouira du bénéfice de l'article 7.

7. Les officiers, marins et autres, qui auront le temps de service exigé par les articles précédents pour la pension d'ancienneté, seront admis à compter en sus les bénéfices de campagnes d'après les règles suivantes :

Sera compté pour la totalité en sus de sa durée effective le service qui aura été fait,

1° En temps de guerre maritime, à bord d'un bâtiment de l'état;

2° A terre, en temps de guerre, soit dans les colonies françaises, soit sur d'autres points hors d'Europe, pour les individus envoyés d'Europe;

3° Le temps de captivité à l'étranger des officiers, marins et autres, faits prisonniers sur les bâtiments de l'état ou sur les prises faites par les bâtiments de l'état.

4° Le temps de navigation des voyages de découverte ordonnés par le gouvernement.

Sera compté pour moitié en sus de sa durée effective,

1° Le service en paix maritime, à bord d'un bâtiment de l'état ;

2° Le service à terre, en temps de paix, soit dans les colonies françaises, soit sur d'autres points hors d'Europe, pour les individus envoyés d'Europe.

Sera compté pour sa durée simple, le service fait, en temps de guerre, à bord d'un bâtiment armé en course, ainsi que le temps de captivité en cas de prise;

Et pour une moitié de sa durée effective, le service fait en guerre comme en paix sur les bâtiments ordinaires du commerce.

Dans tous les cas ci-dessus spécifiés, la navigation faite à l'âge de dix à seize ans sera comptée pour sa durée effective, mais à titre de bénéfice seulement.

Les bénéfices résultant de la navigation sur tous autres bâtiments que ceux de l'état ne peuvent jamais entrer pour plus d'un tiers dans l'évaluation totale des services qui donnent droit à pension.

8. Dans la supputation des bénéfices attachés aux campagnes par l'article 7, on comptera pour une année entière la campagne dans laquelle l'officier, marin ou autre, aura été blessé et mis hors de service.

En tout autre cas, on supputera le temps écoulé à partir de la mise en rade jusqu'à la rentrée dans un port de France, et sur cette période, le mois commencé sera compté comme fini.

Néanmoins, si l'officier, marin ou autre, retourne immédiatement à la mer, il ne pourra compter qu'une année de bénéfices pour chaque période de douze mois, plus le mois commencé lors du désarmement.

Le service, tant sur les bâtiments armés en course que sur les navires du commerce, ne sera compté que du jour du départ du bâtiment pour sa destination. Il ne comprendra ni le temps de l'équipement, ni celui de la relâche dans un port de France, toutes les fois que cette relâche aura excédé quinze jours.

Fixation de la pension d'ancienneté.

9. Les officiers de la marine et marins de tous les grades, après vingt-cinq ans, et les individus des autres corps de la marine, après trente ans de service effectif, ont droit au minimum de la pension d'ancienneté déterminée pour leur grade par le tarif annexé à la présente loi.

Chaque année de service au delà des termes fixés ci-dessus, et chaque année de campagne, supputée selon les articles 7 et 8, ajoutent à la pension un vingtième de la différence du minimum au maximum.

Le maximum est acquis pour les officiers de la marine et marins, à quarante-cinq ans, et pour les individus des autres corps de la marine, à cinquante ans de service, campagnes comprises.

10. La pension se règle sur le grade dont l'officier est titulaire.

Si, néanmoins, il demande sa retraite avant d'avoir au moins deux ans d'activité dans ce grade, la pension se règle sur le grade immédiatement inférieur.

. . . .

Fixation de la pension.

16. Les blessures ou infirmités qui occasionnent la perte absolue de l'usage d'un membre, ou qui y

sont reconnues équivalentes, donnent droit au minimum de la pension d'ancienneté, quelle que soit la durée des services.

Chaque année de service, y compris les campagnes, supputées selon les articles 7 et 8, ajoute à cette pension un vingtième de la différence du minimum au maximum d'ancienneté.

Le maximum est acquis à vingt ans de service, campagnes comprises.

. . . .

18. La pension pour cause de blessures ou infirmités se règle sur le grade dont l'officier, marin ou autre, est titulaire.

. . . .

Des pensions des veuves.

19. Ont droit à une pension : . . . .
. . . . Les veuves d'officiers, marins ou autres personnes mentionnées dans le tarif, morts en jouissance de la pension de retraite, ou en possession de droits à cette pension, pourvu que le mariage ait été contracté deux ans avant la cessation de l'activité du mari, ou qu'il y ait un ou plusieurs enfants issus du mariage antérieur à cette cessation.

Dans les cas prévus par le présent article, le mariage contracté par les officiers et autres en activité de service, n'ouvrira de droits à la pension aux veuves et enfants qu'autant qu'il aura été autorisé dans les formes prescrites par les décrets des 16 juin et 3 août 1808.

. . . .

Dispositions générales.

24. La pension des magistrats et autres fonctionnaires de l'ordre judiciaire, attachés au service des colonies, est, à parité d'offices, réglée sur les mêmes bases et fixée au même taux que celle des magistrats employés en France, sauf les bénéfices résultant des articles 1, 4 et 7, pour les individus envoyés d'Europe.

La même règle d'assimilation s'applique aux fonctionnaires civils des colonies, autres que ceux qui sont compris dans l'organisation du département de la marine en France, pourvu que ces fonctionnaires soient rétribués sur les deniers publics.

. . . .

26. Les pensions de l'armée de mer sont personnelles et viagères; elles sont payables, comme dette de l'état, sur la caisse des invalides de la marine, sans rien préjuger sur ce qui pourra être ultérieurement déterminé relativement à l'administration de cette caisse.

. . . .

29. Les pensions de retraite dans la fixation desquelles il sera fait application de l'article 4 de la présente loi, ne pourront, en aucun cas, être cumulées avec un traitement civil d'activité.

30. Les pensions de retraite et leurs arrérages sont incessibles et insaisissables, excepté dans le cas de débet envers l'état, ou dans les circonstances prévues par les articles 203 et 205 de Code civil.

Dans ces deux cas, les pensions de retraite sont

passibles de retenues qui ne peuvent excéder le cinquième de leur montant pour cause de débet, et le tiers pour aliments.

Dispositions transitoires.

31. La navigation faite sur les bâtiments de l'état antérieurement à la promulgation de la présente loi, sera comptée comme service effectif à partir de l'âge de dix ans.

32. Les trois années de service effectif accordées, à titre d'études préliminaires, en vertu des lois des 15 décembre 1790 et 27 avril 1791, aux officiers du génie maritime et aux ingénieurs hydrographes qui n'ont pas été élèves de l'école polytechnique, continueront de leur être comptées pour la pension de retraite.

33. Tous les droits acquis, en vertu des dispositions antérieures à la présente loi, relativement aux services susceptibles d'être admis dans la liquidation des pensions de retraite, sont conservés, sauf les restrictions spécifiées dans l'article suivant.

34. Les services hors des armées nationales, qui ne sont devenus admissibles pour la pension de retraite qu'en vertu des ordonnances des 25 et 31 mai 1814, ne pourront être comptés qu'autant qu'ils seront accompagnés de quinze ans au moins de service effectif dans lesdites armées nationales.

Dans aucun cas, les campagnes faites dans le cours desdits services ne donneront lieu au bénéfice des articles 7 et 8.

Les années de service et les campagnes dans les armées des états en guerre contre la France ne seront jamais comptées pour les pensions.

Toutefois les droits acquis par les traités ou les décrets antérieurs à 1814 sont maintenus.

Voyez également le *Manuel des pensions de l'armée de terre* à l'usage du comité de la guerre et de la marine.

(Suit le Tableau du tarif des pensions.)

TARIF DES PENSIONS POUR L'ARMÉE DE MER.

GRADES.	PENSIONS DE RETRAITE pour ancienneté de service. (Art. 9 de la loi.)		
	Minimum à 25 ou 30 ans de service effectif, suivant le corps.	Accroissement pour chaque année de service effectif au delà de 25 ou 30 ans, suivant le corps, et pour chaque année restant de la réputation des campagnes.	
	f.	f.	c.
Capitaine de corvette.	1,500	25	»
Lieutenant de vaisseau.	1,200	20	»
Lieutenant de frégate.	800	20	»
Élève de marine.	600	20	»
Maîtres entretenus, à 1,500 fr. et au-dessus; conducteur de travaux de 1re classe.	600	20	»
Maîtres entretenus au-dessous de 1,500 fr.; conducteur de travaux de 2e et de 3e classe.	500	10	»
Second maître et contre-maître.	250	7	50
Aide et quartier-maître.	210	6	»
Matelot, novice et mousse.	200	5	»
Commissaire de la marine et inspecteur-adjoint.			
Commissaire des subsistances.	2,400	30	»
Commissaires rapporteurs à Brest, Toulon et Rochefort.			
Sous-commissaire de la marine.			
Sous-inspecteur de la marine.			
Sous-commissaire des subsistances.			
Contrôleur des subsistances.			
Commissaires rapporteurs à Cherbourg et à Lorient.	1,200	20	»
Trésoriers des invalides de 1re et de 2e classe (1).			
Garde magasin des subsistances.			
Greffiers à Brest, Toulon et Rochefort.			

(1) Les trésoriers et leurs veuves restent passibles des lois et règlements relatifs aux comptables en débet, et notamment de la loi du 18 avril 1792.

Suite du Tarif des pensions pour l'armée de mer.

GRADES.	PENSIONS DE RETRAITE pour ancienneté de service. (Art. 9 de la loi.)	
	Minimum à 25 ou 30 ans de service effectif, suivant le corps.	Accroissement par chaque année de service effectif au-delà de 25 ou 30 ans, suivant le corps, et pour chaque année réduisant de la supputation des campagnes.
	f.	f. c.
Commis principal et commis de la marine. . Commis principal et commis des subsistances. Trésoriers des invalides de 3ᵉ et de 4ᵉ classe (1). . . . . Chef de comptabilité de tous les services. . Garde-magasins des travaux maritimes et des forges et fonderies. . . . . Conducteur principal des forges et fonderies. Greffiers à Cherbourg et à Lorient. . . . . Commis dessinateur. . . . . Commis aux écritures des travaux maritimes.	800	20 »
Ingénieur de la marine et ingénieur hydrographe de 2ᵉ classe.	1,800	30 »
Sous-ingénieur de la marine de 1ʳᵉ et de 2ᵉ classe, et ingénieur hydrographe de 3ᵉ classe	1,200	20 »
Sous-ingénieur de la marine de 3ᵉ classe, sous-ingénieur hydrographe et adjoint du génie maritime.	800	20 »
Deuxième officier de santé en chef	1,800	30 »
Officier de santé de 1ʳᵉ classe.	1,500	25 »
Idem de 2ᵉ classe.	800	20 »
Idem de 3ᵉ classe.	600	20 »
Examinateur de la marine.	2,800	40 »
Examinateur des élèves de la marine. . . .	1,800	30 »
Professeur de 1ʳᵉ classe.	1,800	30 »
Professeur de 2ᵉ classe.	1,200	30 »
Professeur des 3ᵉ et 4ᵉ classes.	800	20 »

(1) Les trésoriers et leurs veuves restent passibles des lois et règlements relatifs aux comptables en débet, et notamment de la loi de 18 avril 1792.

SUPPLÉMENT.

JURISPRUDENCE.

SERVICES MILITAIRES MÊLÉS A DES SERVICES CIVILS.

Avis du comité de l'intérieur du 1ᵉʳ mars 1833, qui comprend ces différents services dans une même liquidation (1).

Vu les pièces produites desquelles il résulte que le sieur Barré compte 28 ans 1 mois 2 jours de services dont 3 ans 9 mois 2 jours de services militaires;

Vu l'article 8 du décret réglementaire du 4 juillet 1806;

L'ordonnance rendue au contentieux le 10 janvier 1827;

Les avis du comité des 14 janvier et 4 mars 1831;

Considérant que les services militaires non récompensés sont comptés comme tous les autres services publics rétribués par l'état dans les liquidations de pensions sur les fonds de retenues des divers ministères;

(1) Ce mode de liquidation du comité de l'intérieur est, ainsi qu'on l'a déjà remarqué, contraire aux principes et à la jurisprudence du comité de législation. On le transcrit ici comme point de comparaison (*Voir* p. 8).

Que la liquidation séparée, d'après les règlements militaires n'a été prescrite par l'ordonnance royale du 6 mai 1818, spéciale aux administrations financières qu'en ce qui concerne les employés de ces administrations ; que le décret de 4 juillet 1806, qui contient les seules règles applicables à la liquidation des pensions des employés du ministère du commerce et des travaux publics n'ayant établi aucune distinction entre les services civils et les services militaires, ils ont été et doivent être encore compris dans une seule et même liquidation.

QUESTIONS DE CUMUL.

Les questions de cumul sont fréquentes et difficiles. On a cru devoir en rassembler ici quelques-unes que le comité des finances a résolues et qui pourraient se reproduire dans d'autres liquidations. Les *Avis* que l'on indique seraient d'utiles lumières. Le comité des finances est présidé par M. le comte Bérenger.

La loi du 25 mars 1817, en interdisant le cumul de deux pensions et en permettant, toutefois, que la généralité des services soit liquidée et réunie en un seul titre sur fonds de retenue, ne donne pas la même faculté pour que ce titre soit accordé sur les fonds généraux (19 juin 1818).

Une pension ecclésiastique ne peut se cumuler avec une pension sur fonds de retenue (10 juillet 1818).

Les pensions sur le domaine extraordinaire ne sont pas soumises aux lois du cumul (23 octobre 1818).

Une pension sur *le sceau* ne peut se cumuler avec une pension sur le trésor (20 juillet 1831).

12

Une pension militaire ne peut être cumulée avec une solde sur le budget de la ville de Paris (24 juillet 1833).

La rémunération accordée par la loi du 13 mai 1825, aux *Suisses du 10 août*, n'est pas considérée comme une récompense politique et exceptionnelle, mais bien comme une *pension* soumise aux lois sur le cumul (11 août 1838).

VEUVES.

Une veuve peut cumuler deux pensions sur fonds de retenue, l'une gagnée par ses services personnels, l'autre par réversion sur la pension de son mari (22 décembre 1820).

Une veuve peut cumuler deux pensions acquises à titre différent : l'une sur le trésor, l'autre sur fonds de retenue : les pensions sur fonds de retenues ne sont pas soumises au *maximum* de cumul de 700 fr. (12 janvier 1821).

Une veuve peut cumuler une pension comme veuve en premières noces d'un militaire et une autre pension comme veuve en deuxièmes noces d'un employé pensionné sur fonds de retenue (18 janvier 1826).

———

La loi du cumul n'est pas applicable à une pension de retraite sur la caisse des retenues des employés de la *ville de Paris*. (Ordonnance rendue en conseil d'état, 17 avril 1834.)

———

Les pensions de retraite à accorder aux employés de la maison royale de Charenton, de l'hospice royal des Quinze-Vingts, et des institutions royales des Jeunes-Aveugles et des Sourds-Muets de Paris et de Bordeaux doivent être liquidées non par le décret du 13 septembre 1806, portant règlement général sur les pensions civiles, mais par celui du 7 février 1809, pour les employés de l'administration des hospices de Paris, rendu applicable aux employés des autres établissements de charité par l'ordonnance du 6 septembre 1820. (Avis du conseil d'état du 24 décembre 1840.)

FIN.

TABLE GÉNÉRALE DES MATIÈRES.

LÉGISLATION.

MINISTÈRE DE LA JUSTICE ET DES CULTES.

PENSIONS.

Législation générale appliquée aux pensions qui ne sont pa liquidées par des réglements spéciaux.

ANCIENS MINISTRES D'ÉTAT. — MEMBRES DU CONSEIL D'ÉTAT.

MAGISTRATURE.

OFFICIERS DE JUSTICE, EMPLOYÉS DE LA CHANCELLERIE ET DES BUREAUX DU CONSEIL D'ÉTAT. — VEUVES ET ORPHELINS.

DISPOSITIONS GÉNÉRALES.

FIN DE LA TABLE DE LA LÉGISLATION.

TABLE

DE LA JURISPRUDENCE.